Erich Demmer (Hg.)
UMGEVOLKTES ÖSTERREICH

Für Tante Vera und Onkel Fritz!

Viel Spaß beim Lesen

Erich Demmer

Hg. Erich Demmer

Umgevolktes
– Österreich –

Satiren gegen Ausländerfeindlichkeit

PROMEDIA

Alle an diesem Buch beteiligten Künstler/innen spenden ihre Autorenhonorare zugunsten Asyl- und Flüchtlingsgruppen in Österreich.

Die Deutsche Bibliothek – CIP-Einheitsaufnahme
Umgevolktes Österreich: Satiren gegen Ausländerfeindlichkeit
/Hg. Erich Demmer; Johannes Vogler. – Wien: Promedia-Verl.-Ges., 1993
ISBN 3-900478-64-3
NE: Demmer, Erich [Hrsg.]

Umschlaggestaltung: Gisela Scheubmayr & Johannes Berthold, nach einer Idee von Erich Demmer

Satz: Michael Baiculescu

Druck: Rema Print, Wien

Printed in Austria

ISBN 3–900478–64–3

Vorwort

Als die Idee zu diesem Buch zum ersten Mal auftauchte, war hierzulande Rostock bestenfalls als Hansestadt mit einem mäßig erfolgreichen Bundesligaverein ein Begriff und Mölln in Germanistenkreisen als Eulenspiegel-Stadt bekannt. Auch vom ausgrenzenden Volksbegehren eines über Kärnten in Wien gelandeten Oberösterreichers war noch nicht die Rede. Aber manchem war aufgefallen, daß sich die Stimmung bei einem Teil der Bevölkerung änderte. Früher verschämt geflüsterte Ressentiments wurden in aller Öffentlichkeit lauthals verkündet, an Stammtischen wurde der höchst widersprüchliche Satz »Die Ausländer liegen den ganzen Tag in der Sonne und nehmen uns die Arbeitsplätze weg!« mit Zustimmung quittiert, und gar nicht so stille Zecher warteten lieber rülpsend ein Viertelstündchen, um dann ein von einem »Inländer« gelenktes Taxi vollkotzen zu können.

Gewissenlose Zeitungsbesitzer und ihre Hetz-Schreiber verstärkten diesen Trend, indem sie keinen Hendldiebstahl ausließen, um über steigende Ausländerkriminalität zu zetern. Der »Mundgeruch der Seele«, wie die Fremdenfeindlichkeit pointiert bezeichnet wurde, war gesellschaftsfähig geworden, und es mieft beträchtlich in unserem Lande.

Schwarzfahrende Hofratswitwen im Pelzmantel rümpfen in der Straßenbahn ihr eingeborenes Hochnäschen bei verdächtigen Fahrgästen; ein Landeshauptmann und Hobby-Physio-Gnom will eine Gesichtskontrolle ausgerechnet aus Fremdenverkehrsgründen einführen; Zentralsekretäre, obschon eher alpine Landratten, versuchen sich in nautischen Definitionen (»Das Boot ist voll«); markige Sprüche wabern auf den Straßen und Plätzen; österreichweit hussen die medialen Kleinformate; diffuse Unzufriedenheit mit den politischen Zuständen ballt sich nicht nur an Wirtshausstammtischen zu Aggressionsschwaden, aus denen sich schon einmal ein Blitz auf ein Asylantenwohnheim entladen kann.

Einfaltspinsel malen sich wieder ein Feindbild, Scheinlösungen und simple Erklärungsmuster haben trotz Wirtschaftsflaute Hochkonjunktur, korpulente Nachwuchs-Führer in Uniformen plauschen im TV über die Neugründung der NSDAP. Da kann Jörg Haider nicht abseits stehen. Der Bärental-Erbe, seine Uraltklientel und sein ein funktionierendes Haarwuchsmittel benötigender Saalschutz wollen Österreich auf eine Rechtsabbiegespur drängen. Als Vehikel soll ihnen das Ausländer-Volksbegehren dienen.

Wie gesagt, von all dem war zu Beginn der Arbeit an diesem Buch noch keine Rede. Aber vielleicht ist dieser Band dadurch noch wichtiger geworden, als wir dachten.

Denn Humor ist nicht nur, wenn man trotzdem lacht. Humor, Witz, Satire und Ironie sind auch ein Mittel gegen fremdenfeindliche Süppchenköche aus Politik und Medien, und sie erreichen auch verstockte Köpfe, die sich wissenschaftlichen Untersuchungen und moralischen Predigten verweigern. Eine große Zahl prominenter Autoren, Cartoonisten, Kabarettisten und Karikaturisten hat ein satirisches Notwehrprogramm gegen das grassierende Jörgltum gestartet und untersucht das »Ausländerproblem« an der richtigen Stelle: am abbröckelnden Humanismus-Lack von Herrn und Frau Österreicher.

Und so steht nicht der Herr Haider, versehen mit einem gefährlichen Schnurrbart, im Mittelpunkt der Beiträge. Auch wenn man ihn und sein Werken verachtet: Viel gefährlicher als er sind die Folgen der Gestapokalypse des Dritten Reiches in Österreich. Etwa die Schwierigkeit mit dem aufrechten Gang. Die heimische Kellner-Mentalität: Man nimmt das Geld der Fremden und schimpft über sie, bei gleichzeitigem Wunsch, im Ausland aufzutrumpfen. Das Gefühl, trotz gefährlicher Verschuldung mit den von der Werbung propagierten Leitbildern des Hochleistungskonsums nicht konkurrieren zu können. Eine Ellenbogenmentalität, die – durch das von Politik, Medien und Wirtschaft verklärte Leistungsprinzip angestachelt – sich nicht nur in Fremden-, sondern auch in Minderheiten- und in Kinderfeindlichkeit äußert. Die Unfähigkeit zu trauern, die Unfähigkeit zu feiern. Ein verschwommenes Unglücklichsein, das sich zu weinen schämt, aber zu gewaltsamen Reden und Aktionen neigt. Der zuweilen begründete Verdacht, mit seinen Problemen von politischen Eliten und bürokratischen Amtskappelträgern alleine gelassen zu werden, der zu unreflektierter Staatsverdrossenheit führt. Autoritäre Strukturen in Wirtschaft, Parteien, Verwaltung und Familie, die das Wort »Miteinander« scheuen wie der Teufel das Weihwasser (ach ja: Auch die Kirche gehört hierher). Und nicht zu vergessen: Eine deutschnationale Krypto-Kultur, eine akademische Schmiß-Maschine, die ihren Absolventen noch immer gediegene Karriere- und Wirkungsmöglichkeiten eröffnet. Einem ihrer Vertreter, der wohl nicht zufällig zum Reichskultur-Kammerdiener des Herrn Haider aufgestiegen ist, verdanken wir die Idee zum Titel dieses Buches. Wir gestehen: Allein wäre uns dieses nur satirisch zu genießende Abstrusum nicht eingefallen.

Weil wir gerade dabei sind. Herzlich möchte ich mich bedanken bei

* den Kollegen des Promedia-Verlages, die das Projekt initiierten und betreuten,
* vielen Freunden und Freundinnen, die mir Mut zusprachen und ihre Unterstützung angedeihen ließen,
* besonders Hannes Vogler, der nicht nur als Herausgeber des 1987 erschienenen Satirebandes »Ätzwerk« ein Fundament schuf, auf dem dieses Buch fußt, sondern mir auch in selbstloser Weise mit Zeit, Rat und Tat zur Seite stand,
* den oft zu wenig gewürdigten Helfern von Graphik, Satz und Druckerei,
* den Zeitschriften »profil« und »Salto« für die Abdruckgenehmigung,
* den in diesem Buch vertretenen Künstlern, die uneigennützig ihre Texte, Cartoons und Karikaturen zur Verfügung stellten, damit der Reinertrag einer förderungswürdigen Initiative zufließen kann (es muß ja nicht unbedingt eine Aktion zur Anschaffung eines neuen Löschgerätes für die brave Feuerwehr in Gmunden oder anderen Orten mit Flüchtlingswohnstätten sein).

Als da sind:
Alfred Aigelsreiter (Kabarett Brennesseln), Karli Berger, Wolfgang Beyer, Beppo Beyerl, Stefan Brandl, Manfred Chobot, Heli Deinboek, Manfred Deix, Alfred Dorfer & Roland Düringer (Schlabarett), Erich Eibl, Ludwig Roman Fleischer, Hakan Gürses, Josef Hader, Gerhard Haderer, Alfred Heinrich, Peter Henisch, Peter Huemer, Franz Hütterer, Gerald Jatzek, Ruud Klein, Helmut Korherr, Reinhart Liebe, Hansi Linthaler, Peter Lodynski, Leo Lukas, Sigi Maron, Stuart Matthews, Thomas Maurer, Kurt Mitterndorfer, Thomas Nemec, Fritz Nußböck, Andreas P. Pittler, Lukas Resetarits, Fritz Schindlecker, Dolores Schmidinger & Team, Werner Schneyder, Rolf Schwendter, Erich Sokol, Reinhard Tramontana, Peter Turrini, Heinz R. Unger, Hannes Vogler, Christian Wallner, Jörg-Martin Willnauer, Dieter Zehentmayr.

Ein satirisches Nationalteam von seltener Qualität und Quantität. Sie haben die Schwarz-Weiß-Malerei schwarzweiß gezeichnet oder bunt beschrieben, was zu bunt getrieben wird hierzulande. Sie haben Highlights aus ihren Kabarettprogrammen oder Originalbeiträge gespendet. Sie haben die seelische Befindlichkeit von Inländern und Ausländern untersucht. Sie haben eigene Wege beschritten oder Glanzlichter der traditionellen Literatur variiert. Sie haben dem Volk aufs Maul geschaut und der Bürokratie in den Hintern. Sie haben Aufgeschlossenheits-Aktionäre und Solidari-Täter ebenso aufs Korn genommen wie schaumvormmundige Flurbereiniger. Sie haben eine skandalöse Realität für (und damit eigentlich gegen) sich sprechen lassen oder auf dem Misthaufen ein Schäuferl nachgelegt. Wohl alle aber könnten die Zeilen in Hans Magnus Enzensbergers Essay »Im Fremden das Eigene hassen?« (SPIEGEL 34/1992) unterschreiben:
»Je heftiger sich eine Zivilisation gegen eine äußere Bedrohung zur Wehr setzt, je mehr sie sich einmauert, desto weniger hat sie am Ende zu verteidigen. Was aber die Barbaren angeht, so brauchen wir sie nicht vor den Toren zu erwarten. Sie sind immer schon da.«

Zu dokumentieren, daß nicht nur »die Barbaren immer schon da sind«, sondern auch die Stimmen der Vernunft, der Menschlichkeit und der Solidarität, ist wohl der wichtigste Zweck dieses Buches.

Wien, im Jänner 1993
Erich Demmer

A wie AUSLÄNDER-ALLTAG

Drago Babics Zeitverschiebung

PETER LODYNSKI

Drago Babic, Vater von vier Kindern,
lebt im Wohnblock, ganz am Rand von Wien.
Sein Verdienst ist kaum noch zu vermindern,
Glück und Wohlstand ignorieren ihn.

Doch die Babics sind stets froh geblieben,
weil man sich nicht unterkriegen läßt.
Drago weiß, die Zeiten sich verschieben ...
und so feiert er auch jedes Fest:

Weihnachtsabend ist am zwölften Jänner.
Logisch - jetzt ist Winterschlußverkauf.
Teure Waren, Schlager, größte Renner
kriegst um Schleuderpreise du zuhauf.

Zu Sankt Valentin - sechzehnter Feber -
liegt Frau Babic immer wieder flach.
Drago überhäuft sie, wie ein Streber,
denn da hau'n sie ihm die Blumen nach.

Fasching fällt bei Babics in die Fasten:
Scherzartikel kriegst du über Nacht
um ein Spottgeld, einen Scherz, en masse, denn
plötzlich sind sie nicht mehr angebracht.

Ostern feiert Drago Ostermittwoch,
weil der Osterschinken muß schnell weg.
Er kriegt viele bunte Eier mit noch,
fast geschenkt legt er sie ins Versteck.

Nikolo - am dreizehnten Dezember:
Schoko-Krampus gibt's Diskont, wie Heu.
Allerseeln: am siebenten November
fütterns' mit die Grabkränz' dann, die Säu'.

So lebt Drago Babic ökonomisch,
doch er wird ganz anders hingestellt:
subversiv, pervers, verschroben komisch,
als ein Mensch, der sich an gar nichts hält.

Ein ausländischer Unternehmer

Hakan Gürses

Küß die Hand, Ignorant, armes Land

DOLORES SCHMIDINGER, SUSANNE FEIGL, HARALD POSCH,

Die Putzfrau Gülten steht mitten in der Wohnung und bestaunt fassungslos das Chaos der vergangenen Nacht. Sie hat in jeder Hand ein Plastiksackerl mit ihren Putzutensilien.

Gülten: Wohnung von Familie Sektionschef schaut wieder aus wie Schweinestall! War gestern wieder große Party bei Familie Sektionschef. Heute wieder alle große Kopf. Familie Sektionschef heute großkopfert!

(sie sieht den Porzellanhund)

Servus Erhard! Du schön brav sein, nix beißen! Sunst kommst in Tierasyl! Is nix lustig in Asyl, ich weiß! Ja Erhard, wie schaust du aus! Muß dich waschen. Armer Hund!

(Sie nimmt einen am Boden liegenden Sektkübel und holt Wasser. Aus dem Off:)

Na da, Toilettenmuschel wieder ganz sauber, dafür alle Dreck auf Erhard!

(Sie ist zurückgekommen)

Ah, zehn Uhr! Muß ich hören österreichische Nachrichten.

(Sie holt ein Radio aus dem Sackerl. Zu dem Hund:)

Ja, ist von Mexikoplatz! Hat Polizist konfisziert und Herrn Sektionschef verkauft, und Herr Sektionschef hat mir verkauft. Mit Gewinnspanne.

(Sie schaltet das Radio ein, Sprecher:)

Eine soeben veröffentlichte Meinungsumfrage hat ergeben, daß für die Mehrzahl der Jugendlichen und für Hochschulabsolventen die Grünen die einzig wählbare Alternative darstellen.

Verkehrsfunk: Auf der linken Seite kommt Ihnen ein Fahrzeug entgegen. Bleiben Sie bitte rechts und überholen sie nicht!

Gülten: Schöne Sprache Deutsch. Rechts - rechtschaffen - selbstgerecht. Muß ich lernen. Meine Tochter dritte Klasse, Einser in Deutsch. Alle drei Kinder gut Deutsch. Mann auch gut Deutsch. Arbeiten am Bau, sieben Jahre. Kollegen vom Bau sagen, er muß lernen Wiener Deutsch. "Jo jo, der Wein is guat!" Sunst nix leinwand. Sunst immer arbeiten mit Preßlufthammer. Brrrrr! Integrieren. Integrieren - assimilieren - parieren!

(Sie schaltet wieder das Radio ein)

Sprecher: In der österreichischen Fremdenverkehrswirtschaft steigen die Übernachtungszahlen weiter an.

Gülten: Österreich schönes Land, reiches Land! Touristen kommen, bringen viele Devisen. Meine Schwester in Sommer in Salzburg Teller waschen. In Herbst Chefe sagen: Gemma, gemma, kalt is net! Aber in Sommer Waschen. Schwester sagen, Touristen fahren große Autos, immer neu! Fahren in gute Luft, fahren mitten in Wald. Waldsterben - stirbt - ausgestorben. Fahren mitten auf Alm. Pflücken schöne Blumen. Edelweiß, Enzian, Almenrausch. Rausch - Räusche - angsoffen.

Na kaufen Rum, achtzigprozentig. Trinken, singen. Amerikanisch Mama singen. Edelweiß, Edelweiß!
Touristen viel kaufen! Kaufen Sonnenöl, Bierdosen, Tetrapack. Nix verrotten. Kaufen Grillstelze, Apfelsinen, Bierdosen, Bildzeitung - Gott sei Dank verrotten! Mistkübel voll, Wiese voll, Wald voll - Türkisch Mann putzen. Österreich muß sauber bleiben!
Verkehrsfunk: Bleiben Sie bitte rechts und überholen sie nicht!
Gülten: Schwester sagen, Touristen schöne Menschen.
Touristenmann blond, rosa Kopf, große Bauch. Wompen. Stattlich Mann (singt) "Warum ist es am Rhein so schön!" Rhein - reiner - artrein. Touristenfrau schöne Frau, große Frau, kurze Hose, stämmig Frau! Stämmig - Stamm - Abstammung. Sieht man deutlich an. Die Abstammung is gut für Fremdenverkehr. Sagt sogar Ratzenböck. Weiterhören.
Sprecher: In einer Stellungnahme zum österreichischen EG-Beitritt erklärten die Vorsitzenden der drei größten Parlamentsparteien, das Einkommen der Österreicher sei im Vergleich zu anderen Ländern der Zwölfergemeinschaft durchschnittlich sehr hoch. "Der Österreicher verdient gut", erklärten Vranitzky, Busek und Haider einstimmig.
Gülten: Franz Vranitzky! Verdient gut. Schöner Mann. Immer gut gscholnt. Gestreifte Nadel. Halbe Brille - übersieht halbe Außenpolitik.
Hat leicht in Partei. Partei is hinter Vranitzky, Vranitzky is in Hintern von Brüssel. Will immer neutral bleiben.
Franz Vranitzky: geboren 1937, verheiratet, 2 Kinder. 1981-84 Vorstandsvorsitzender der Länderbank, 1984-86 Finanzminister, seit 1986 Bundeskanzler und Pensionist der Länderbank. Wird bald Notstandshilfeempfänger sein.
Erhard Busek. Verdient noch besser. Is Minister und Vizekanzler. Schöner Mann. Immer trauriges Auge, weil ihm großer Koalitionspartner so viel auf's Aug druckt. Und bei kleiner Opposition kommt mit blauem Auge davon. Aber is eh alles nur Augenauswischerei.
Hundeleben. Erhard. *(sie streichelt den Hund)* Busek. Ganze Brille. Schaut ÖVP größer aus.
Hat schwer in Partei. Schwarze Wirtschaftspartei. Braucht viele ausländische Schwarzarbeiter für Wirtschaft.
Erhard Busek: geboren 1941, verheiratet, keine Kinder. Wieder zwei ÖVP Wähler weniger.
1978-87 Vizebürgermeister der Stadt Wien, seit 1989 Minister für Wissenschaft und Forschung, seit 1991 Vizekanzler. Lebt gefährlich. Is bunte Vogel unter lauter schwarze Raben mit Stahlhelm. Steht seit letzte Wahl unter Naturschutz. Aussterbende Rasse.
Jörg Haider. Verdient gut. Verdient noch viel mehr *(sie macht eine drohende Gebärde)*. Schöner Mann! Brauner Mann mit blaue Schal. Heideröslein in Knopfloch.
Viel sprechen, schön sprechen, nix sagen. Nix denken bei reden, nur reden was denken.
Verwechselt Politik mit Fußballplatz. Is geborener Stürmer. Schießt immer aus dem Abseits und spielt foul, bis trunkene Menge brüllt: "Tooor!" Schert sich nix,

wenn ihn die Schwarzen zurückpfeifen. Hilft nur mehr rote Karte. Armer Jörg. Muß bei Publikum Märtyrer spielen. Glaubt, er is beste Rechtsaußen in Europa. Jörg Haider: geboren 1959, verheiratet, 2 Kinder. 1969 Gewinner des Vortragswettbewerbes beim Bundesturnfest in Innsbruck mit dem Thema: "Sind wir Österreicher Deutsche?" 1979-83 Nationalratsabgeordneter und Sozialsprecher der FPÖ. *(zu Hund)* Wirklich! Seit 1986 Vorsitzender der Freiheitlichen Partei Österreichs, seit 1991 nicht mehr Landeshauptmann von Kärnten. Macht ordentliche Beschäftigungspolitik. Macht sogar eigenen Arbeitsplatz frei. Aber noch is Staberl über ihm nicht gebrochen. Schickt alle Parteifreunde in Lager. Trainingslager. Will Deutsch-Nationalmannschaft aufstellen.

(Das Telefon läutet, Gülten hebt ab)

Hallo? Nein, Herr Sektionschef is nicht da. Nein, Frau Sektionschef auch nicht. Ich bin Bedienerin.

Ah, sie Bruder von Frau Sektionschef, Sie rufen aus Toronto, ich weiß! Kann ich helfen? Ja, hier in Österreich sind Wahlen. Bundespräsidentenwahlen.

Sie sind österreichische Staatsbürger in Ausland ...

Auslandsösterreicher ... ja natürlich, Sie dürfen wieder wählen. Ach, und diesmal, Sie wollen sich besser informieren, wie bei letzter Nationalratswahl. Weil was? Weil Sie haben die einzige Vorzugsstimme abgegeben? Für wen? Arnold? Schwarzenegger?! Nein, wir haben selber Terminator in Bärental. Is Vorsitzender von ... nein, die Partei heißt FPÖ, nicht Ku-Klux-Klan.

Ich glaube, ich muß Sie wirklich besser informieren.

Also: Vorige Woche war Fasslabend in ... nein, das ist kein Volksfest, das ist Verteidigungsminister ... vorige Woche war Fasslabend in ... nein, Österreich is nicht bei Nato - Österreich is noch neutral. Immerwährend - in Diskussion. Bei Koalition.

Ja, wir haben rot-schwarze Koalition! Sie nicht wissen? Sie haben doch gewählt! Ach ist Ihnen scheißegal, Sie wollen ja nicht hier leben, Sie wollen nur wählen! Ich soll Ihnen sagen, wen ich habe gewählt? Ich zwar schon lang hier leben, aber noch lang nix Staatsbürger. Meine Mann und ich geholt von österreichische Regierung aus Anatolien ...

Türkei ... ja ja, Tschusch.

Türkisch Frau, dumme Frau. Nix lesen und schreiben, nix denken, nix wählen. Küß die Hand. Ignorant. Armes Land!

Radiosprecher: Nach dem heutigen Fußballigaspiel im Wiener Praterstadion kam es zu schweren Ausschreitungen, als randalierende Skinheads eine Gruppe jugendlicher Gastarbeiter angriffen. Fünf türkische Staatsbürger wurden dabei schwer verletzt. Ein 13jähriges türkisches Mädchen verblutete einige Stunden später in einem Wiener Krankenhaus.

Tschuschi I

HAKAN GÜRSES

Gültens Wiegenlied

Text: DOLORES SCHMIDINGER
Musik: KING/KIENZEL

Schlaf süß, du Schöne,
In sieben Betten.
Das Zimmer atmet
Mit den sieben Körpern.
Und sieben Ratten
Kommen uns besuchen.

Doch am Samstag kauf ich dir
Den bunten Vogel aus Papier.
Den bunten Vogel voll mit Träumen,
Der immer wieder fragt nach dir.
Und am Samstag schau nicht hin,
Wenn hier die Häuser graubraun sind,
Wenn hier die Menschen "Schleich di" sagen
Und immer wieder "Tschuschenkind".
Und alles dreht sich
Und ein bunter Sturm weht dich,
Wenn die Menschen "Schleich di" sagen
Und immer wieder "Tschuschenkind".

Schlaf süß, du Schöne.
Um sieben putze ich das Klo.
Es ist allein
In der großen Firma.
Und sieben Sonnenstrahlen
Kommen mich besuchen.

REFRAIN

Schlaf süß, du Schöne.
In sieben Jahren da gehn wir heim
Mit dem bunten Vogel.
Und sieben Lieder werden wir dann singen.

Tschuschi II

Hakan Gürses

Jussuf

Kurt Mitterndorfer

Eine Baustelle.
Arbeiter: »He, Jussuf, kumm!«
Türke: »Was machen?«
Arbeiter: »Kommen, Jussuf!«
Türke: »Kommen schon.«

Der Türke kommt zum Arbeiter.
Türke: »Was machen?«
Arbeiter: »Frog net so bled.«
Türke: »Was?«
Arbeiter: »Is eh wurscht. El Ka We kommen. Müssen Schotter abladen.«
Türke: »Waß i eh.«
Arbeiter: »Wos frogst daun so bled?«
Türke: »Do kummta schon, El Ka We.«
Arbeiter: »Oaje!«
Türke: »Was oaje?«
Arbeiter: »Polier kommen mit!«
Türke : »Is scheiße?«
Arbeiter: »Gusch, Jussuf!«

Der LKW bleibt vor der Baustelle stehen, der Polier springt heraus.
Polier: »Hauns, wos gibt's?«
Arbeiter: »Nix, ois oke.«
Türke: »Grüß Gott.«
Arbeiter: »Gusch, Jussuf!«
Polier: »Is ea neich?«
Arbeiter: »Jo, heit kumma.«
Polier: »Wie du heißen?«
Türke: »Jussuf, Scheff, Jussuf.«
Polier: »Verstehen Deutsch?«
Türke: »Nix alles, aba gut.«
Polier: »Nau guat, gemmas au. Franz, foa vakeat zuwa!«

Der LKW-Fahrer fährt vorsichtig rückwärts zum Loch, das er mit seiner Fuhre Schotter füllen soll.
Polier: »Gemma, gemma, Zeit is Göd.«
Arbeiter: »Mehr rechts!«
Polier: »Grod aus!«
Arbeiter: »Mehr rechts, geht eh!«
Polier: »Grod aus!«

Türke: »Follta eini.«
Arbeiter: »Gemma, mehr rechts!«
Polier: »Grod aus!«
Türke: »Follta eini. Mussa links!«
Arbeiter: »Mehr rechts, gemma!«
Polier: »Grod aus hob i gsogt!«
Türke: »Links, links! Links mussa! Follta eini sunst!«

Der LKW sinkt rechts hinten mit dem Zwillingsrad ein.
Arbeiter: »Hoit, hoit, zruck! Na, viri, viri mani!«
Polier: »Wos is los?«
Türke: »Follta eini! Follta eini! Mussa links!«
Arbeiter: »Zruck, zruck! Na, viri, viri. Er foit eini!«
Polier: »Wos is?«
Türke: »Follta eini! Mussa links!«
Polier. »Gusch, i hea den Hauns net, gusch!«
Türke: »Follta eini! Schnell! Follta eini! Mussa viri!«

Der LKW sinkt plötzlich bis über die Hinterachse ein.
Polier: »He, wos is'n eigentli los do hintn?«
Arbeiter: »Eigsunga isa.«
Türke: »Hobi eh gsogt follta eini!«
Polier: »Trottl, wos sogst'n nix!«
Türke: »Hobi eh gsogt follta eini!«
Arbeiter: »Wos sogst'n des net glei!«
Türke: »Hobi eh gsogt!«
Polier: »Gusch, du Trottel!«
Arbeiter: »Gusch, du Oasch!«

Tschuschi III

HAKAN GÜRSES

Blut und Loden?

CHRISTIAN WALLNER

Selbstverständlich gibt es Probleme, wenn auf einem Kontinent neue Grenzen gezogen werden, Kriege Flüchtlinge erzeugen und Völkerwanderungen auf der Suche nach Arbeitsplätzen in Gang kommen. Aber man macht die – unfreiwilligen – Wanderer und Vertriebenen zu Sündenböcken – etwa jener Wohnbaustrategen, die jahrzehntelang zu keinem sozialen Wohnbau fähig waren. Auch unsere (Asyl-)Politiker sind Monumente. Monumente, wie aus Schleim gemeißelt. Aus Angst vor dem politischen Yeti aus dem Bärental, aus Furcht vorm Karawankenrambo betreibt man gegenüber den Fremden Winchester-Liberalismus. Aussperren, zusperren, einsperren ist die Faust-Regel im Umgang mit Ausländern, die nicht Devisen, sondern schulpflichtige Kinder bringen. Manche wundern sich tatsächlich darüber, daß Menschen kamen, obwohl wir nur billige Arbeitskräfte riefen.

Das brutale Spiel mit der Angst vor Inländerarbeitslosigkeit durch Ausländerbeschäftigung ist statistisch verloren. Was geschieht denn wirklich, bekämen erst dann wieder »Gastarbeiter« hier Jobs, wenn kein Österreicher mehr stellenlos ist? Bis dahin macht die Gastronomie dicht, urlaubt die Müllabfuhr und steht das Baugewerbe. Kein BMW fährt ohne Ausländer – sagt der BMW-Direktor in München.

Abgesehen davon, daß jeder Arbeiter wissen müßte, daß man die eigene Ausbeutung am besten durch Solidarität mit anderen Bedrohten bekämpft: Hinter jedem Schwarzarbeiter steht, logo, ein Schwarzarbeitgeber, der zu belangen ist.

Dieweilen aber feiert ein sepplhosiger Spät- oder Neofaschismus schizophrene Urständ'. Bierdumpfe Sperrstündler und runenverzierte Skinheads stänkern am Würstlstand – Bosna und Krainer mampfend – nach zuviel »Budweiser« und Baracz gegen den zeitungsaustragenden »Mufti«. Gepflegte Trachtenjankerträger, beruflich Hintangestellte nicken beifällig und hetzen in mentaler Talschlußpanik gegen die »multikulturelle Gesellschaft«.

Abgesehen davon, daß die schon allein durch die EG nicht aufzuhalten ist, besteht der dringende Verdacht, daß solche Hetzer nicht nur keine »Multikultur«, sondern gar keine wollen. Die Fremdsprachlosigkeit solcher Schollenkleber korrespondiert mit ihrem politischen Analphabetismus. Das einzige Wörterbuch, das sie kennen, ist jenes des Unmenschen. Anstatt froh zu sein, daß es zur Abwechslung Buzuki statt Zither, nicht nur Liebstöckl, sondern auch Knoblauch gibt, wagen sie keinen Blick über den Sterztellerrand: Könnte die Begegnung mit dem »Fremden« die eigene Beschränktheit blitzartig klarmachen? Ist »der« blonde, blauäugige Schwede, der allwinterlich Saalbach leersäuft und Hinterglemm vollkotzt, weniger »fremdartig«?

Aber nicht nur Deix-Typen gerieren sich als Blut- und Lodenschützer. Beim Nobelitaliener fallen beim Tiramisu auch unter Armani-Bürgern Sätze wie »Ich persönlich habe überhaupt nix gegen Neger (Juden, Rumänen ...) – ich mag sie nur nicht.« Demokraten (oft bis weit über Mitternacht hinaus) gestehen nach dem dritten Wodka-Lemon »Yugos« gnädig zu, »auch Menschen« zu sein. Lebenslanges Urlaubsverbot für diese Gesellschaft im Ausland, wo sie die Inländer nerven!

Keine Angst herrscht offenbar vor der »existierenden Unterösterreicherung« – das wäre ein Gegenbegriff zur »schleichenden Überfremdung« – durch den Imperialismus der Multi-Kultur: Hamburger im Magen, stellt man sich um »Terminator«-Karten an. Kein Protest gegen das dodelhafte Gedudel der »simple minds« auf Ö3, gegen die Vermoikung der Volksmusik oder den seriellen Ramsch auf der heimischen Monopol-Mattscheibe. Türken raus – »Turtles« ins Video!

Historisch haben die Fremdenfeinde keine Ahnung. Den völkisch-nationalistischen Abgrenzungswahn gibt es erst seit dem 19. Jahrhundert, und wohin er führt, erzählen nicht nur unsere Kriegerdenkmäler. Wir waren immer ein Durchzugsland und sind ein klassisches »Mischvolk«. Inzest macht bekanntlich blöd. Man möchte diesen (noch verhinderten) Rassenhygienikern zurufen: »Ohne 'Slawenblut' kein Waggerl!«

Aber was zählt hier historisch-sozialpolitische Logik ... Man sollte also die Ausländerfeindlichkeit – als Vorstufe des Fremdenhasses – endlich als das klassifizieren, was sie ist: Menschenverachtung. Die Herabwürdigung von Symbolen ist strafbar. Die tägliche Herabwürdigung von Mitbürgern wird gar nicht bis lax geahndet. Das Tier- und Artenschutzgesetz funktioniert besser, jedes Maiglökkerl scheint behüteter als ein Kurde. Wer sich in der »Ausländerfrage« inhuman äußert oder verhält, sollte endlich massiv geächtet werden. Er ist nicht bloß theoretisch, sondern auch praktisch: Nicht gesellschaftsfähig.

Die wahren Absichten

KARLI BERGER

Gemma Tschusch

REINHART LIEBE

Dragutin Brankovic, der steht auf um vier
und um fünfe geht er schon durch de Hintertür
von der Druckwalzenfabrik, stellt den Kessel ein,
Silikondampf sticht in d' Lungen und er kunntat schrein.
Schreien aber tut er nicht – auch net um halb acht,
wann der Vurarbeita kummt, eahm anrempelt und lacht:
Na, du haben heute nacht wieder wixen müssen?
Geh und wasch Gehsteig auf! Hund hat hingeschissen!

Gemma, gemma, gemma Tschusch! Des is a Beföh!
Wir schneiden da dein Kuraz ab, schneidn da ab dei Söj!

Dragutin hat für's Gwand, wie sich's ghört, an Platz:
ein Nagl – drunter pickt splitternackt a Katz:
Blond und geil: s' Gegenteil von da schwoazn Schmier,
mit der er'n Kessel putzt zwa Stund auf de Knia.
Mittagspause: Heute scheint leida nicht de Sunn,
muaß drin sitzen, hint in Eck, kana dreht sich um.
Nachmittags ladt er zwei Tonnen Walzen aus.
Wascht si, sagt »dobr nodsch« zur Katz und geht z'Haus.

Gemma, gemma, gemma Tschusch! Des is a Beföh!
Wir schneiden da dein Kuraz ab, schneidn da ab dei Söj!

Grundriß: dreieinhalb mal drei, Fenster auf den Gang.
Dragutin, Branko, Josip wohnen miteinand.
Abbruchhaus: zweieinhalb Tausender pro Mann.
Weil er sich Ablöse niemals leisten kann.
Einen Farbfernseher haben sie sich zu dritt kauft,
weil er sonst beim Wirt am Ecks'ganze Geld versauft.
Zehn Uhr nacht: Fußbodn waschn und dann aus das Licht.
Und dem Hausmeister sein Spruch steht eahm noch im Gsicht:

Gemma, gemma, gemma Tschusch! Des is a Beföh!
Wir schneiden da dein Kuraz ab, schneidn da ab dei Söj!

Wochenend: trifft er sich mit Bruder und Cousin,
Tanzn zur Harmonika, trinken auch an Wein.
Redn von den Jugofesten auf der Praterwiesn,
des hat ihnen die Stadt Wien leider zuadrehn müssen.

Der Bruder is schon elf Jahr da, hat auch schon vier Gschrappen
und an alten BMW auf vierzig Monatsraten.
Dragutin sei Bruder weint, weil er net versteht
das Hakenkreuz am BMW, und daß drunter steht:

Gemma, gemma, gemma Tschusch! Des is a Beföh!
Wir schneiden da dein Kuraz ab, schneidn da ab dei Söj!

Gespräch über Türken

PETER HENISCH

Finden Sie das richtig, die ganze Fernkorngasse hinauf, zwischen Gudrun- und Quellenstraße, nichts als Türken? Sie meine, sie habe ja nichts gegen die, im vorigen Sommer sei sie mit ihrer Familie sogar in der Türkei gewesen, aber *unterm* Jahr und *da*? Ein preisgünstiges Arrangement, schönes Hotel an der kleinasiatischen Südküste, nein, den unaussprechlichen Namen des Ortes habe sie sich nicht gemerkt. Aber sauber sei es gewesen, alle Achtung, der Hotelier habe deutsch gesprochen, und ihr größerer Bub, obwohl eigentlich schon über die im Prospekt angegebene Altersgrenze hinaus, habe, genau wie der kleine, die Kinderermäßigung gekriegt.

Die da hingegen benehmen sich wie Kümmeltürken. Hören Sie sich nur – sie weist mit vorwurfsvoller Geste auf den Spielplatz – dieses unartikulierte Geschrei an. Ihr Kleiner, wenn ich recht begriffen habe, um welchen es sich handelt, schreit tüchtig mit. Aber eigentlich sollte er gar nicht mit diesen Rotznasen spielen.

Franzi, komm her! Soll ich mein Heft schließen, mich verabschieden und den Platz wechseln? Oder soll ich, die Gelegenheit nützend, sitzen bleiben und mitschreiben? Wenn Sie die Fernkorngasse hinauf gehen, achten Sie auf die Parterrewohnungen oder, noch besser, die Kellerwohnungen, da können Sie von draußen hinein sehen. Acht bis zwölf Leute in einem Raum, den man danach kaum mehr zu zivilisierten Wohnzwecken gebrauchen kann, Gaskocher, Stockbetten. Wenn sie die Fenster offen haben (und weil sie keinen Genierer kennen, haben sie meistens die Fenster offen), stinkt es heraus. Und der Lärm, den sie machen, dringt auf die Straße. Die schrillen Stimmen der Frauen, das Plärren der Babies. Aber das schlimmste ist die Würmermusik!

Würmermusik? Ich werde gleich verstehen, was sie meint, das Hobby ihres Mannes, sagt sie, sind Zierfische. Sie haben also mehrere Aquarien daheim, ob ich vielleicht auch ein Aquarium daheim habe? Nein, aber früher als Bub hab ich eines gehabt. Sehen Sie, sagt sie, dann kennen Sie doch bestimmt diese langen, roten Würmer, Tubifex heißen sie, die man als Fischfutter verwendet. Ja und? Na, ob ich nicht in Erinnerung habe, wie sie sich winden? Wie Schlangen zum Flötenton eines Schlangenbeschwörers. Ein bißchen komisch, aber eigentlich grauslich. Und genau das sei es, was sie meine, wenn sie Würmermusik sage.

Dort in der Türkei hingegen, in diesem gepflegten Hotel, da habe es am Abend natürlich Diskomusik gegeben. Auch das Essen war gottseidank nicht das türkische Kebabtschitschi, auf das man sowieso nur Durchfall bekomme, sondern internationale Küche. Ihr Kleiner habe immer seine Pommes frites mit Ketchup gekriegt. Und das Schnitzel, das sich ihr Mann einmal außertourlich bestellt habe, das habe zwar ausgesehen wie gebackener Leberkäs, aber es habe ihm schon aus Nationalstolz geschmeckt.

Ja, man komme doch gern wieder nach Hause, auch wenn der Urlaub immer zu kurz sei. Wenn man nur in einer anderen Gegend wohnen könnte, das Gesindel, von dem man hier umgeben sei, sei halt leider eine Zumutung. Sie meine: Wohin solle sie denn mit dem Kleinen gehen, der Waldmüllerpark sei der einzige größere Park weit und breit. Und schön sei er hergerichtet. Aber manchmal, da fühle man sich hier wie nach der Türkenbelagerung.
Nach der Türkenbelagerung, wende ich ein, seien die Türken aber abgezogen. Ah ja? sagt sie. Ah so, sagt sie. Ja stimmt, aber jetzt sind sie wieder da. Was wollen die hier? Die werden ja immer mehr! Das muß man rechtzeitig einbremsen. Wehret den Anfängen!

Tschuschi IV

HAKAN GÜRSES

Der Tschusch in der Bim

PETER HENISCH

Jaja, die Favoritner Gemütlichkeit. Überhaupt die Gemütlichkeit, die man in Wien und Umgebung für sich beansprucht. Gemütlich: was soll das heißen? Das Gemüt ansprechend? – Welches und wessen Gemüt? Und zu welchem Ende? Wendungen: Hier hört sich (transitiv) die Gemütlichkeit auf. Wo (respektive wann) hat sie eigentlich angefangen? Da (wo bzw. wann) kann ich aber ungemütlich werden. Sein Gemütchen erwärmen. Sein Mütchen kühlen.
Die Favoritner, sagt Martins Mutter, die den Baronkarl auch gekannt hat, sind tolerante Leute. Wer ist Martin, fragt S. Martin, sage ich, macht Musik, er ist Favoritner aus Passion. Das gibts? Ja, das gibts. Als es darum gegangen ist, eine Wohnung zu finden, wollte er nirgends anders hinziehen. Ist das nicht eine komische Leidenschaft fürs Lokale? Nein, das Lokale ist der Konkavspiegel, in dem man die Welt reflektiert.
Also These 1: Die Favoritner sind tolerante Leute. Auf dem sogenannten Platzl zum Beispiel, dem nach dem Groß-Vater der österreichischen Sozialdemokratie benannten Viktor-Adler-Markt fällt kein böses Wort. Sagt Martins Mutter. Hier leben die Ur- und die Neufavoritner friedlich nebeneinander. Sauerkraut & Gurken: Leo Strmiska, Lammfleisch & Döner Kebab: Hilal Kasabi.
Friedlich nebeneinander. Ob das auch wahr ist? Martins Mutter hat sogar Türkisch gelernt, sie kann mit Türken hier auf dem Viktor-Adler-Markt reden. Tschok güzel. Von ihrer Sorte sollte es mehr Leute geben. Wir wollen nicht eigens bleiben und auf ein böses Wort warten.
Martin selbst allerdings hat mir eine andere Geschichte erzählt. Von einem, der in der Straßenbahn (Linie 67) gesessen ist, zwischen Reumannplatz und Kurzentrum Oberlaa. Dieser Reumannplatz hat übrigens früher Bürgerplatz geheißen, nach dem Dichter Gottfried August Bürger. Doch um was für einen Bürger es sich gehandelt hat, haben die wenigsten gewußt, also hat man den Platz 1925 nach einem sozialistischen Bürger-Meister umbenannt, so weit ging damals das proletarische Bewußtsein.
Aber zurück zu dem Typ in der Straßenbahn. Er soll dunkle, gekräuselte Haare gehabt haben und einen an den Spitzen über die Mundwinkel herabhängenden Schnurrbart. Steh auf, Tschusch, haben sie zu ihm gesagt, es war in der Stoßzeit zwischen 5 und 6 Uhr abend. Eine Spannung ist in der Luft gelegen, der Straßenbahnwagen war ziemlich voll, und der Mensch hat halt seine Aggression nach der Arbeit.
Nun, Tschusch hätte man früher, vor sieben, zehn, fünfzehn oder fünfundzwanzig Jahren auch zu einem gesagt, der so aussieht – das Wort, wohl abfällig, aber gebräuchlich, bezeichnet im Wiener und über Wien hinausstrahlenden Dialekt einen aus dem Südosten Zugereisten. Jetzt aber, sage ich, während S. die viel ungenierter als früher am Kiosk hängende NATIONALZEITUNG fotografiert – Schlagzeile: *Droht neue Ausländerwelle?* – jetzt ist die Aggression, die all die Jahre

getröpfelt hat wie eine undichte Bassenawasserleitung, immer schwerer abzudrehen. *Das Überschreiten der Gudrunstraße ist lebensgefährlich*, etc., das kann man, wenn man kann, in drei Sprachen (deutsch, serbokroatisch und türkisch) lesen. Also sollten alle miteinander die selbe Passage benützen.
Aber ich wollte vom Gastarbeiter (wird dieses Wort eigentlich noch von irgendwem verwendet?) in der Straßenbahn erzählen. Eine neue Qualität im Wort Tschusch, S., früher Lehrer, weiß natürlich, was ein qualitativer Sprung ist. Das Wort Tschusch, nicht mehr nur abfällig, sondern ausgesprochen bedrohlich ausgesprochen. Steh auf, Tschusch (für viele unserer Mitmenschen ist doch jeder, der gekräuselte Haare und einen Schnurrbart hat, Jugoslawe, Rumäne oder Türke, alles eins, neuerdings ein Tschetnik).
Und jetzt sitzt der einfach da. Auf unserem Sitzplatz. Der Sitzplatz/ der Arbeitsplatz/ die Straßenbahn ist voll/ das Boot ist voll – über den Rand der KRONENZEITUNG, die man im Stehen ohnehin nicht ordentlich lesen kann, aber (Vorteil des Kleinformats) am besten noch allemal, über den Rand der KRONENZEITUNG anvisiert, ist der Tschusch ein Feind. Nicht einer, mit dem man sich solidarisch fühlt, weil man ja eigentlich im selben Boot sitzt (na so weit kommts noch!). Sondern einer, auf den man schon lang einen Schleim hat, Schleim, der jetzt endlich rausdarf, das ist befreiend: Uns unseren Sitzplatz wegnehmen und dabei wahrscheinlich noch schwarzfahren, darauf möchte man fast wetten.
Also steh auf, Tschusch, heb deinen Hintern und schleich dich! Und? Was geschieht? Der so unfreundlich Angesprochene greift in die Brusttasche und zieht. Nämlich die Wochenkarte. Bitteschön, sagt er, alles ordnungsgemäß gepickt. Das wäre ein schönes Ende dieser Geschichte.
Aber hat es damit sein Bewenden? Tatsächlich? Zieht man sich, bei allen Vorurteilen, die man natürlich nicht von einem auf den anderen Moment abbauen kann, wenigstens für diesen Fall eines Besseren belehrt, zurück? Nein, kann man ja gar nicht. Das Boot, respektive die Straßenbahn, ist voll. Wir sind im Gasthaus ZUM WERKELMANN gesessen, als Martin diese Geschichte erzählt hat, irgendwie hat er den Faden verloren und etwas anderes weiter erzählt, ich weiß nicht, wie sie ausgeht.
Wie sie ausgehen könnte? Frag lieber nicht. Ausländer raus, könnte einer sagen, mit der für den Wiener, aber besonders den Favoritner Dialekt typischen Monophthongierung der Diphthonge. Einfluß des Slawischen. Dieser Bezirk ist gut zu 50 Prozent von den Nachkommen tschechischer Zuwanderer bevölkert. Aber wenn ich das in der überfüllten Straßenbahn gesagt hätte, aus der der *Tschusch* bei der nächsten Station womöglich geflogen ist, dann hätte es leicht passieren können, daß ich ihm gleich nachgeflogen wäre, und selbst das wäre, bedenkt man die sich nicht nur hier zuspitzenden Verhältnisse, beinahe ein *happy end*.

B wie BÜROKRATEN, BÜROMANEN und BETREUUNGSBEMÜHTE

Asylland Österreich

DIETER ZEHENTMAYR

Die Banalitäten und das Böse

Die Praxis der österreichischen Asylpolitik.

PETER HUEMER

Frau J. war Moslem und zum Christentum übergetreten, noch dazu zu einer kleinen, äußerst aktiven christlichen Sekte. Im Iran der Mullahs hat man so etwas nicht gerne gesehen. Ihr Pfarrer wurde verhaftet, zu Frau J. kamen die Pasdaran. Als der Pfarrer im Gefängnis ermordet wurde und die Pasdaran wieder kamen, nahm Frau J. ihren 13jährigen Sohn und floh aus ihrer Heimat. Zu Weihnachten 1990 kamen sie in Österreich an. Das abgelaufene Jahr haben die beiden bei meiner Frau und mir gewohnt. Daher weiß ich ihre Geschichte.
Seit dem Frühjahr hat Frau J. eine sozialversicherte Anstellung, seit Herbst ist sie offiziell als politischer Flüchtling anerkannt, und seit einer Woche teilt sie mit ihrem Sohn eine eigene kleine Untermietwohnung. Sie war sehr fleißig in diesem Jahr und verfügt auch schon über bescheidene Ersparnisse auf der Bank.

Eine sogenannte »Erfolgsstory«? Ja und nein. Ein Beweis für die Großzügigkeit und Richtigkeit unserer Flüchtlingspolitik? Nicht wirklich. Denn dieses Jahr war einfach zu voll mit unangenehmen bis widerwärtigen Erfahrungen im Umgang mit zuständigen Behörden, aber dennoch eine höchst lehrreiche Erfahrung: österreichische Asylpolitik in der Praxis. Das beginnt mit stundenlangem Warten im Büro für Asyl- und Flüchtlingsangelegenheiten in der Wiener Tannengasse, obwohl der Asylwerber zu einem ganz bestimmten Zeitpunkt geladen ist. Auskünfte – über den Grund der Verzögerung und wie lange es noch dauern könnte – kriegt doch auch kein Inländer. »Warten Sie«, lautete die stereotype Antwort. Zur Einvernahme von Frau J. wurde ich als Begleitperson nicht zugelassen. Das war zwar illegal, aber mein Hinweis auf die Gesetzeslage vergeblich.
Am Ende dieser Vernehmung unterschreibt der Flüchtling ein Protokoll, von dem er keinen Durchschlag erhält. Mag sein, eine Kleinigkeit, aber in keinem zivilisierten Büro denkbar. Anschließend überläßt der Flüchtling der Behörde auftragsgemäß alle Dokumente, die seine Identität nachweisen. Eine Bestätigung darüber gibt es nicht. Mit nichts, womit er sich ausweisen könnte, verläßt der Flüchtling die Asylbehörde.

Einige Zeit später kommen eingeschriebene Briefe. Das heißt: Jene Behörde, die dem Flüchtling zuvor alle Ausweispapiere abgenommen hat, schickt ihm anschließend eingeschriebene Briefe. An diesem Punkt haben wir uns erstmals gefragt: Wer hat sich das ausgedacht? Wer ist dafür verantwortlich? In unserem Fall hatten wir Glück: Der Beamte auf der Post kennt sowohl meine Frau als auch mich und war bereit, Frau J. in Anwesenheit meiner Frau und aufgrund von deren Identitätsbezeugung die Briefe auszuhändigen. Wer keine Hilfe hat, kriegt die Briefe nicht, versäumt die Fristen, und sein Schicksal ist besiegelt. Wenn einer besonderes Pech hat, dann stecken die Dokumente in genau jenem Brief, den der Flüchtling mangels eben dieser Dokumente nicht bekommen kann. Bei Frau J. wäre es so gewesen.

Anschließend wurde Frau J. vom Asylbüro als politischer Flüchtling abgelehnt. Das besage nicht viel, erklärte mir ein befreundeter Anwalt, der sich auskennt. Von der Asylbehörde erster Instanz würden praktisch fast alle abgelehnt. Wozu das Verfahren dann gut sei, war meine naive Frage. Das wußte der Fachmann auch nicht.

Mittlerweile hatte ich längst ans Innenministerium einen Protestbrief geschrieben und meine Erfahrungen mit diesem Asylbüro mitgeteilt. Ob das vernünftig war, weiß ich nicht, jedenfalls wurde Frau J. in zweiter Instanz als politischer Flüchtling anerkannt.

Bei der folgenden Besorgung eines Konventionspasses für sich und ihren Sohn ließen wir Frau J. im Stich. Denn erstens konnte jetzt nichts mehr passieren, zweitens hatten wir genug vom Umgang mit diesen Ämtern, und drittens wollte ich wissen, wie es einem Flüchtling, der als religiös verfolgt anerkannt ist, ergeht, wenn er der Behörde allein gegenübertritt. Als Frau J. mir erzählte, nun zum vierten Mal unverrichteter Dinge vom Paßamt zu kommen, weil immer wieder etwas fehlte oder falsch war – immer wieder etwas anderes, beteuerte Frau J. -, habe ich dort angerufen und die bearbeitende Beamtin mit wohlgesetzten Worten um ihr Verständnis gebeten: Sollte Frau J. von ihrem nächsten Besuch auf dem Paßamt wieder erfolglos nach Hause kommen, würde ich die Dienstaufsicht im Ministerium einschalten und gleichzeitig profil verständigen.

Ob die Drohung mit dem Ministerium etwas bewirkt hat, weiß ich nicht; der Hinweis auf profil scheint ein Erfolg gewesen zu sein, jedenfalls wurde ich unverzüglich mit dem Leiter der Amtsstelle verbunden. Ich wiederholte mein Sprücherl: Bitte um Verständnis ... Dienstaufsicht ... profil.

Daraufhin stellte mein telefonisches Gegenüber eine vernünftige Frage: Warum denn Frau J. nicht gleich gesagt habe, daß sie mit mir und meiner Frau in Verbindung sei? Warum nicht überhaupt einer von uns beiden mitgekommen sei. Beschämt gestand ich, gehofft zu haben, Frau J., die ich als intelligente Person kenne, werde das Problem allein meistern.

Der nächste Vorwurf verblüffte mich: »Die Frau kann ja nicht einmal Deutsch.« Ich wies darauf hin, daß wahrscheinlich kaum jemand, der aus einer Folterdiktatur der Dritten Welt um sein Leben fürchtet, vorher Deutsch lernt, aber im Gegensatz zu vielen anderen Flüchtlingen spreche Frau J. fließend Englisch. Englisch – oder sonstige Fremdsprachenkenntnisse – seien in diesem Amt kein Diensterfordernis, wurde ich belehrt.

Kurzer Einschub, der meiner verwirrten Pause am Telefon entspricht. Man muß sich das vorstellen: Da reden wir ständig groß von Europa und der EG und wie wir es brauchen und wie sie uns brauchen, und der Herr Bundeskanzler sieht wieder einmal keine Probleme, aber im Paßamt, wo sich die Flüchtlinge ihre Papiere holen, muß kein Mensch wenigstens Englisch können. Europa, wir kommen.

Zurück zu jenem Telefonat: Der Leiter des Paßamtes erklärte sich freundlicherweise bereit, seine, wie er nochmals betonte, zwar dienstlich nicht erforderlichen, aber privat vorhandenen Englischkenntnisse freiwillig dem Amte zur Verfügung zu stellen, um die leidige Angelegenheit endlich zu einem Abschluß zu bringen. Das gelang dann auch unverzüglich, weswegen die Verständigung des profil unterblieb.

Im Dezember hat nun Frau J. ihren Konventionspaß erhalten. Darin heißt es: »Dieses Dokument ist für nachstehend genannte Länder gültig: BR Deutschland – Belgien – Dänemark – Finnland – Frankreich – Griechenland – Großbritannien – Italien – Liechtenstein – Luxemburg – Niederlande – Norwegen – Portugal – Schweden – Schweiz – Spanien – Australien – Canada – USA.«
Über den Sinn dieser Liste haben wir gerätselt. Warum darf sie nach Australien fahren, aber nicht nach Ungarn? Vielleicht ist es so: Die Liste stammt aus der Zeit vor 1989, als noch der Eiserne Vorhang existierte und Reisen in den Ostblock mit einigen Komplikationen verbunden waren, weswegen man Flüchtlinge gleich von dieser Möglichkeit ausschloß. Inzwischen – aber das müßte der Polizei eigentlich bekannt sein – sind die Grenzen frei, und nach Bratislava sind es sechzig Kilometer, nach Sopron auch nicht viel mehr. Ein wenig ratlos hat mich Frau J. gefragt, wie ihr Sohn es anstellen könnte, im Frühjahr gemeinsam mit seiner Schulklasse nach Ungarn zu fahren. Er kenne ja nichts von Europa und freue sich schon so darauf.
Das war der Punkt, wo ich mir gedacht habe: Jetzt reicht's. Es gibt einen Grad an sinnloser Gemeinheit, den man nicht schweigend akzeptieren soll. Mag sein, daß dieses Ministerium überlastet ist, mag sein, daß da zuwenig Beamte sind, aber das erklärt überhaupt nicht, warum man einem Menschen, der ohnehin Schweres hinter sich hat, einen Paß gibt, der ihn ausgerechnet vom Besuch der nächstgelegenen Nachbarstaaten ausschließt. Wem ist mit dieser Art von Schikane gedient? Wer erfindet sie zu wessen Freude?

Völlig anders waren die Erfahrungen im Bereich der Schule: Nach einigem Suchen war es uns gelungen, in zumutbarer Entfernung eine Schule zu finden, wo engagierte Lehrer auch unter schwierigen Bedingungen sich bemühen, Flüchtlingskindern ihr gefährdetes Selbstwertgefühl wiederzugeben, wodurch diese überhaupt lernfähig werden. Da herrscht ein erkennbar anderer Geist, aber natürlich sind auch im Innenministerium alle Beamten, denen wir im Laufe dieses Jahres begegnet sind, gleich – eine Ausnahme fällt meiner Frau und mir ein. Vielleicht haben wir besonderes Pech gehabt, vielleicht ist aufopfernde Pflichterfüllung im Interesse der Flüchtlinge dort das Übliche, aber in diesem Fall, den wir genau kennen, war es so und nicht anders. Daraus leite ich ab: Ob jemand als politischer Flüchtling anerkannt wird und hierbleiben darf, hängt weniger mit der Geschichte seiner tatsächlichen Verfolgung zusammen, hängt nicht einmal von der Glaubwürdigkeit seines Auftretens ab, sondern hängt vielmehr davon ab, ob er – falls er nicht schon an der Grenze zurückgeschickt wird – das Glück und die Tüchtigkeit besitzt, in Österreich blitzschnell Leute zu finden, die ihm gegen die Behörden

helfen. Das sollten diejenigen wissen, die ständig und gebetsmühlenartig das Stereotyp herunterleiern, daß Österreich auch im Falle restriktiver Asylmaßnahmen »natürlich für politisch Verfolgte offen bleiben« müsse. Das sei nämlich gute österreichische Tradition. Ich habe diese Tradition kennengelernt in ihrem gegenwärtigen Zustand.
Um Mißverständnissen vorzubeugen: Hier geht es nicht um die Grundsatzfrage, ob Österreich Menschen aus der Dritten Welt, »die daham net z'frieden san« (Originalton Innenminister Franz Löschnak laut »Kronen Zeitung«), aufnehmen soll oder nicht – eine Frage, die sich mit dem neuen Asylgesetz ohnehin weitgehend erübrigt hat. Hier geht es auch nicht um eine dieser herzzerreißenden Abschiebungstragödien, wie sie Amnesty International, die Caritas oder die evangelische Pfarrerin von Traiskirchen jede Woche erzählen können, hier geht's um eine ganz simple Geschichte – noch dazu eine der wenigen mit gutem Ausgang – und um lauter banale Kleinigkeiten. Aber zählt man die alle zusammen, so erkennt man das Böse. Und es geht um die schlichte Frage, wie ausländische Menschen, die keine wohlhabenden Touristen sind, von österreichischen Behörden behandelt werden. Und hier weiß ich mich eines Sinnes mit der Mehrzahl meiner Mitbürger: Sieht man von jener Minderheit ab, der es schon in der Kindheit das größte Vergnügen bereitet hat, den Fröschen dabei zuzuschauen, wie sie mit ausgerissenen Haxen hupfen, wird niemand bei uns wollen, daß Menschen welcher Herkunft auch immer von der Bürokratie schikaniert und gedemütigt werden. Wir könnten nämlich selber die nächsten sein.

Österreich war ein international angesehenes Land. Das hat nachgelassen. Die Gründe dafür sind vielfältig, und wir kennen sie. Mag sein, daß ich naiv bin und daß die Erinnerung vieles verklärt, aber mir schien, dies war nicht nur ein angesehenes, es war auch ein anständiges Land.

Österreich bleibt ein Asylland

DIETER ZEHENTMAYR

Das Flüchtlingsproblem

LUDWIG ROMAN FLEISCHER

Sauerteig war ein ungemein engagierter Religionslehrer und der Progressivsten einer. Lediglich zu Weihnachten litt er regelmäßig an Ideenverstopfung. Über einige rhythmische Messen und Besinnungsvideos war er nie hinausgekommen. Diesmal aber sollte ihm die osteuropäische Revolution zu einer religionspädagogischen verhelfen. Im Zusammenbruch der von St. Marx gestifteten Religion lag eine neue Chance für Aufgeschlossenheits-Aktionismus. Nach den Berichten der Bohnenzeitung wurde das Land von Flüchtlingen umschwärmt und durchwimmelt, von Tausenden Heimsuchern geplagt. Die Politiker – allen voran der Vorsitzende der Freizeitlichen Partei – ein populärer Trachtendressman aus dem Mostland – sprachen von vollen Booten und leeren Kassen, Bürger protestierten gegen die Gefährdung jener Arbeitsplätze, die sie niemals angenommen hätten, um die sich die Flüchtlinge aber angeblich rissen.

Sauerteig erschütterte sich über die Ausländerfeindlichkeit seiner Mitbürger, vor allem aber sah er eine Chance für progressiven Religionsunterricht. Er beschloß, mit seinen Schülern eine Weihnachts-Flüchtlingsaktion durchzuführen. Man mußte zeigen, daß nicht alle Inländer so schienen, wie sie waren, daß man ein Herz für Ausländer hatte, die man nicht zu sehen bekam. Nein, man sah sie tatsächlich nicht. Wer durch den Papierenen Vorhang durchkam, wurde von der Lokalbürokratie übernommen und sofort aus dem Grenzverkehr gezogen. Aber Flüchtlinge mußten ja doch irgendwo herumlaufen, da war Sauerteig sicher. Er erkundigte sich bei den beiden Flüchtlingskomitees der Koalition (dem Grüßgott- und dem Gutentag-Komitee), welche Exilanten zu Feierzwecken in Betracht kämen. Man empfahl ihm rumänische. Diesen ginge es am schlechtesten und überdies verstünden sie österreichische Anzüglichkeiten am ehesten nicht. Da wären tschechische, ungarische oder gar ostdeutsche Auswanderer bei weitem ungeeigneter, aber die gäbe es ohnedies nicht, und Russen wären erst in zwei bis drei Weihnachten zu erwarten. Indes, die Frage, ob nun wirklich rumänische Flüchtlinge vorhanden wären, konnte weder das Grüßgott- noch das Gutentagkomitee beantworten. Zwar vermuteten sie die Freizeitliche Partei und die Bohnenzeitung allerorten, vor allem abseits vom rechten Weg und an Arbeitsplätzen, doch zu sehen bekam man sie eigentlich nie. Die Unsichtbarkeit der Flüchtlinge war außer dem Papierenen Vorhang der Tatsache zu verdanken, daß man sich frei bewegende Freiheitssuchende durch die Kommunalverwaltungen sofort in konkursverdächtige Frühstückspensionen oder aufgelassene Kinderheime steckte, die möglichst in der Einschicht lagen. Dadurch bestand keine Gefahr von Zusammenstößen zwischen Flüchtlingen und der verängstigten Bevölkerung, wie der Innenminister betonte, der wie alle Minister der Republik hauptsächlich das von sich gab, was der Freizeitliche Trachtendressman hören wollte.

Die Flüchtlingskomitees trösteten Sauerteig. Flüchtlinge würden sich schon rechtzeitig beschaffen lassen, da könne er ganz unbesorgt sein. Ganz unbesorgt war

Sauerteig wohl nicht, aber er ging mit großem Elan an die Vorbereitung der Weihnachts-Flüchtlingsaktion. Sie sollte in einer aufgelassenen Fabrik am Stadtrand in Szene gehen. Dies deshalb, weil Sauerteigs Inspektor, Monsignore Mäuerl, die Aktion zwar ausdrücklich billigte, aber betonte, man dürfe Flüchtlingen unser Land nicht als Schlaraffia präsentieren. Sauerteig hatte eine der verwaisten Bibliotheken als Aktionsort vorgeschlagen, doch waren diese sehr zentral gelegen und von allfälligen aufgebrachten Inländern zumindest theoretisch zu erreichen.
»Wir wollen ja kein Aufsehen, in Gottes Namen«, sagte Monsignore Mäuerl, »der wahre Samariter pflegt seine Tugend in Stille und Abgeschiedenheit.«
Sauerteigs Schüler reinigten die Betriebsküche der aufgelassenen Fabrik so gut es ging, dekorierten die verrosteten Dampfkessel mit Tannenzweigen, probten Weihnachtslieder und Oden an die Freiheit. Sauerteig lernte aus dem Polyglott-Reiseführer ein paar Brocken Rumänisch, um bei der geplanten Diskussion mit den Flüchtlingen gegebenenfalls als Übersetzer fungieren zu können. Die Schüler bastelten Freiheitsketten aus Buntpapier, die man den Rumänen als Willkommensgeschenk um den Hals hängen wollte. Danach würde man die Ketten symbolisch zerreißen. Selbstverständlich gab es einen Fichtenbaum, geschmückt mit dem Konfekt vom Vorjahr. Die Schüler waren aufgefordert, aus der elterlichen Speisekammer mitzubringen, was man in der Weihnachtszeit nicht unbedingt benötigte, und bald stapelten sich Ölsardinenbüchsen, Erbsendosen, Marmeladengläser mit vertrocknetem Inhalt und Bandnudelpäckchen mit abgelaufenem Ablaufdatum übereinander. Bonbonnieren gab es, die Mütter von ihren Bürochefs als Weihnachtsgeschenk erhalten hatten und aus Schlankheitsgründen nicht essen wollten. Semmelbrösel, Reis und Margarine wurden angeliefert, Bohnen und Linsen. Bei uns ißt man zu Weihnachten Gans, Truthahn oder Karpfen, sodaß der Großzügigkeit mit Teigwaren, Konservenbüchsen und getrockneten Hülsenfrüchten keine Grenzen gesetzt waren.
Die Aktion versprach ein voller Erfolg zu werden. Bloß, daß man am dritten Advent noch immer keinen einzigen Rumänen aufgetrieben hatte. Die Flüchtlingskomitees beruhigten Sauerteig unter Hinweis auf die Zeitungsberichte und die Reden des Freizeitlichen Trachtendressmans. Sauerteig aber wurde nervös. Schon ventilierte er für den Notfall den Einsatz Obdachloser, doch auch solche wollten sich nicht finden lassen, da man ihre Adressen nicht kannte. Behinderte als Weihnachtsfeierobjekte anzuheuern war erst recht ein Ding der Unmöglichkeit, denn sie werden in unserem Lande aus Rücksicht auf die gesunde Bevölkerung in Reservaten gehalten.
Zwei Tage vor den Ferien telephonierte sich Sauerteig nochmals durch die Instanzen, probte mit seinen Schülern ein allerletztes Mal, stellte seine neuerworbenen Sprachkenntnisse zur Schau, indem er als Modellrumäne agierte. Am Tage der Aktion mußte er sich eingestehen, daß Flüchtlinge einfach nicht verfügbar waren, und wäre es für einen noch so guten Zweck.
Die Feier ist dennoch ein Erfolg geworden. Sauerteig und seine Schüler haben sie ohne den Einsatz von Flüchtlingen durchgeführt. Sie selbst übernahmen die Exilantenrolle, legten einander die Freiheitsketten um den Hals, zerrissen sie symbolisch, öffneten symbolisch Erbsendosen und Ölsardinenbüchsen und besuchten

symbolisch jene Flüchtlingsmesse, die Monsignore Mäuerl zelebrierte. Professor Sauerteig radebrechte Evangelium und Epistel auf Rumänisch. Eine liberale Zeitung berichtete von der Aktion, Kardinal und Bürgermeister stellten sie brieflich unter ihren Ehrenschutz.
»Wir sind«, so sprach Monsignore Mäuerl in seiner Predigt, »zusammengekommen, um Flüchtlingselend und Flüchtlingsleid am eigenen Leib zu erleben. Seht zu, liebe junge Freunde, daß diese unsere Welt, in der ihr bald die Verantwortung tragen werdet, für immer ohne Flüchtlinge bleiben möge. Amen.«
Flüchtlinge hat Sauerteig bis heute keine gefunden. Immerhin erhofft er sich für die nächste Weihnacht einen Schub bosnischer Kroaten, Berg-Karabach-Armenier oder Kosovo-Albaner. Er ist Optimist geblieben. Schlimmstenfalls wird auch die kommende Weihnachts-Flüchtlings-Aktion symbolisch sein. Jedenfalls wird man es nicht leugnen, dieses schwerwiegende Problem unserer Republik, das Flüchtlingsproblem.

Asylland Österreich: Zimmer mit Wandschmuck

DIETER ZEHENTMAYR

German for victims

HEINZ R. UNGER

Eine österreichische Amtsperson, durch Amtskappel und Ärmelschoner als solche kenntlich gemacht, tritt auf:

Liebe Flüchtlinge! Dear strangers in the night! I am from Austria and I begreet you in this way in the name of the friendly Austrian people!

Now you will think possibler Weise: What the hell for a language speaks he there? Well, this here is your first lesson in »german«, and zwar in »german for victims«, you know?

You will wonder you, because it sounds a little bit like English instead like austriaki! I tell you, why: Namely it is much better for you, believe me, to go wider to the »golden west«, instead to stay all the time in the poor, little Eastreich!

We have enough Hilfshackler here, all our own Tschusch'n, then all our Kameltreiber and last not least all our indian newspaper-boys!

Yes, my dear, we are very glad you are here, but much more glader, if you would turn yourself! That means, if you tatat you drah'n...

So, my dear outlanders, I call it straight in your face: »Welcome to Austria!« And you can call you a lucky mushroom, to be here! Let me say also: »Sorry, you have to go!« So quick as it goes.

But so long as you are here: be happy, don't worry. You must not be sorry anyway, we have especially for you a very nice concentration camp in Traiskirchen. And we do, what we can, to bring you on again. Because here are we the Champignons! Yes, and our Sackel is us nearer than your sweatshirt!

We are not the »Endstation Sehnsucht«, you know, but we are the nicest Durchgangsstation on the continent. We are only the first step on the stairway to freedom, you know. Das Türdackerl vor dem Tor zur Freiheit sind mir, aber wegen dem braucht sich keiner die Schuh' abputzen an uns. Do you understand right? Kaum zeigt man so einem stranger the little finger, schon he wants the whole hand! Really – die Menschheit ist frech!

Indeed, we are the friendly austrian people with the golden hearts, the traditional Jolly-Jokers of the alps! We are the bridge from canyon to canyon, die Brücke von Abgrund zu Abgrund!

But we can also pull up other strings! Not true? Mir können auch andere Saiten aufzieh'n, net wahr? You must understand our shiting position! We are the silver-stripe on the horizont for all the poor devils in the whole world, but we have our own »third world« in our country, the Castleland per exemple, or the Murz-and Mür-Furche. And our own poor devils would be very granting on the next Wahltag, if we would spend too much alpin dollars for fellows like you. That would be a founded junk-food for Jörg Haider, a g'fundenes Fressen für die Nazi...

All at all, we can never know which kind of outlander you are. Are you a real politisch verfolgter Asylwerber? Or are you perhaps a social Schmarotzer? I guess, you want not only, that it goes you – no, you want, that it goes you good!

And all that gives a bad example for the rest of the world, also praktisch for the whole outland! Da stehen ja schon Tausende von Tamilen and other eastlers in die Startlöcher, Horden von Kurden and Russians, ganze Flottillen von Boatpeople! They all wants to us marching in, in our little paradise. But the boat is full! Our golden hearts comes us very expensive.

A terrible performance: the whole globe breaks over us herein, a world full of dark, unshaved, verdächtige strange foreigners! Bruder um's Eck – gut schau'n mir aus! Good we look out, brother around the corner!

Gott schütze Österreich!

C 3404/II

LEO LUKAS

DER VORTRAGENDE (sehr leutselig, mit starkem oststeirischem Dialekt und etwas übertriebener Gestik, die auf den Besuch der Kurse Rhetorik I-III schließen läßt):
Liebeee ... *(stutzt)* Do schau her, mir kimb völli vir, i muaß sogn Kolleginnen, wal Kollegn sand jo koa do ...
Begrüße aich glaichwull herzlich bai unserem WIFI-WeiBiKu C 3404 Schrägstrich römisch zwai...taps bittschen glai nochschaun, ob des aa diesölbe KODENUMMER is, de wos Ihr do in aichere Holsmarkarln aingstanzt hobs,
WeiBiKu C 3404 Schrägstrich römisch zwai, jooo... jooo ...
(nach links hinten) Holt, do gibs a Pro... na...
Nein, gnä Frau, nein, das is NICHT der Jodelkurs für Frigide unter vierzig, DER wär bitteschön GENAU ein Stock tiefer, direkt unter uns, gleich neben der Fitneßkapelle. – *(zu einer Dame rechts vorn)* Aun und für sich supa beschüldert und gaunz laicht zan findn, außa ma is zteppat fia olls. *(wieder nach hinten)* Mocht nix!
MEINE Damen! Der Titel unseres WeiBiKu, unseres Weiter-Bildungs-Kurses lautet: Was könnte ich jetzt noch werden außer OrganspenderIn, WOBEI ich aber, bittschen, gleich dazusogn möchte, daß wir mit diesem Titel NICHT ganz glücklich SIND, weil jo grod OrganspenderIn heute ein Beruf is, der wirklich eine Zukunft HAT, aber dazu später.
MEINE Damen! Sie olle sind gelernte Frisörinnen, aber orbaitslos, und warum? Wegen dem Kommunismus! Der Kommunismus wor der GRÖSSTE Irrtum der MENSCHHEIT, jetz is er hin, und wos homma davon: die Ausländer!
Haund aufs Herz, maine Damen: Es worn doch GOLDENE JAHRZEHNTE, die Siebziger; BIS der slawische Heuschreckenschwarm AUF uns HEREINgefallen IST, UNgerufen, UNerwartet und UNbedankt, und wie schauts jetz aus: Die Wirtschaft liegt DARNIEDER, die Haus-, Klein- und Mittelkriminalität BOOMT, – UNTER den Augen eines roten Innenministers, – Tschuldigung, ich waiß, das gehört viellaicht nicht ganz hierher, aber das mußte ainmal gesagt werden!
(eindringlich, mit kleinen, verschwörerischen Gesten) Ich kennt aich jo Gschichtln dazöhln ... von Wien *(Gesten)* ... Also wos do in Wien *(Gesten)* ... hinter verschlossenen Türen *(Gesten)* ... und von da Früh bis SPÄT in die Nocht *(Gesten)* ... bitte, besser ma red nix drüber, und ich wüll auch nichts sogn, aber wenn ich wos zu reden hätte *(starke Gesten)* ... Maine Damen, ich wüll nichts gesogt hobn, aber ich bin sicher, wir verstehen uns.
Weil was kommt denn heraus dabei? Jo gehn doch Sie amol alsara orbeitslose Frisörin allain in der Nocht durch Ottakring, und sie werden sehen, wos die Stunde geschlogn oder besser der Muezzin gejodelt hot! Ja so eine KREATUR, meine Damen, die wüll nicht von aich, dassas die Hoar woschts und fönts, de wüll eppas aundares!

Bitte, *(Gesten wie vorhin)* ich wüll do niemand unnötig ängstigen, und sicher is von der Geburt her jeder Mensch gleich, aber ICH waiß, wies maunchmol in mir drin ausschaut, und ich mecht aich dersporen, wie DE ERST baisaummen sind!
Schauts, DER Lockenstab, DER transportable Fön, DIE Haimtrockenhaube, die unseren schönen jahrtausendealten Frisörberuf zugrundegerichtet HABEN: Wo kommen die denn her? Ja wo kommen die denn her? Aus Taiwan! Und was kommt noch aus Taiwan? Das Chinarestaurant! Erst ains, daunn zwai, daunn drai, daunn TAUSEND Chinarestaurants! In die JEDE von Ihnen schon ihre guten österraichischen Schillinge hinaingetrogn hot SAMT Trinkgeld, wail sie so freundlich GRINSEN! Und für WEN? Für die taiwanchinesische MAFIA, die unsere guten deutschen Patente FÜR Lockenstäbe und transportable Föns und Haimtrokkenhauben GESTOHLEN und die Wirtschaft ruiniert hot! Ja, so schauts doch aus. Aber das schreiben sie NICHT im Profil!
(mühsam beherrscht) Und ich will auch gor nicht wissen, wer do in Wien ... *(Gesten wie oben; plötzlicher Ausbruch)* Ich wills nicht wissen, aber ich WEISS ES!
Schauts, der klaine Gewerbetraibende, der kaunn doch bitteschön 25 Stunden am Tog orbaitn und 100 Johr nicht auf Urlaub foan, er dablosts NICHT! Er wird hinweg GESPÜLT von der japanischen Springflut! Jo denen ghört doch schon olls! DENEN und denen SCHAICHS! Und wer hot die Brut ins Laund geholt? Na da Kraisky.
Bitte, ich weiß, das gehört nicht, aber das gehört.
(faßt sich, wieder dienstlicher) H-hm. Mädls, ... Mädls, i muaß aich sogn, es schaut net guat aus fia aich. Wer va aich hot Nähen glernt von der Mutta oder Stricken? – Danke, kennts aich in die Hoar schmiern: DIE Kroatin ist schneller. DESGLEICHEN beim Putzen, am Fließband, an der Schreibmaschine und auf daitsch gsogt aa beim Pudern und Kinderkriagn.
Zweitens.
Wos blaibt aich ibrigs? MOCHTS wos aus aich, NUTZTS aicha Ausbüldung, RICHTATS aich schen her! Schauts, daß oan dawischts, meglichst an Ainhaimischn, sads net bled, sads net wöhlerisch, DE Zait ist vurbai. Sads beschaiden, taps ihm ein bißl etwos bieten, mochts kane Zicken, DIE Thailänderin wortet nur drauf.
Bitte, ich wöll do niemand unnötig ängstign, noch ist nicht alles verloren, für jedes Hasal wochst a Grasal ... Des wors fia haite, maine Damen, folls noch irgendwölche Frogn auftauchen, stehe gerne hinterher in mainem Büro zur Verfügung, bitte ainzöln aintreten, waun i aich irgendwie zu Diensten sain kaunn, tuaris gern, wal za dem samma jo schließlich do. Schauts, i sog imma: Ma MUASS haitzutog, olsara Frau, NET, unbedingt glai a Niern hergebn – ES gibt schließlich aundare Organe aa.
Griaß Goutt!

Pförtnerszene

PETER TURRINI

Es klopft. Ein Portier erscheint. Er könnte ein schottischer Trunkenbold sein, aber seine Langsamkeit weist auf den Vertreter einer anderen Nation hin.
Portier: Moment! Moment! Wer klopft denn so enthemmt? Ich bin hier zwar als eilender Türöffner engagiert, aber philosofisch betrachtet bin ich eher eine Turmuhr.
Er bleibt stehen.
Ich teile die Stunde in ihre Vierteln ein. Jetzt schlägts übrigens das erste Viertel.
Er nimmt eine volle Literflasche aus der einen Tasche und ein Viertelglas aus der anderen, schenkt das Viertelglas voll ein und trinkt es langsam aus. Das Pochen an der Türe wird immer stärker.
Wenn Sie in Ihrer Enthemmung kein Maß kennen da draußen, dann werde auch ich da herinnen maßlos. Sie erreichen somit genau das Gegenteil.
Er schenkt sich das zweite Viertel ein und trinkt es langsam aus. Das Pochen wird noch stärker.
Portier, in Richtung Türe: Glauben Sie mir, enthemmter Pocherer, der Schritt in die Raserei wird Sie auch nicht zum Ziele führen, denn am Ende dieses und jeglichen Tuns steht der Tod, philosofisch gesprochen. Daher sage ich, nicht drängeln, jeder kommt in die Hölle.
Er macht einen Schritt in Richtung Türe.
Portier: Wer ist der nächste Höllenaspirant?
Man hört einen wilden Schlag gegen die Türe. Der Portier lauscht.
Portier, fassungslos: Nein.
Er schüttelt den Kopf.
Portier: Ich sehe das Bild dieses jungen, schönen, strahlenden Eroberers vor mir und jetzt ist er hin. Einen Widersacher nach dem anderen hat er beseitigt, es ergaben sich ihm die Dörfer, die Kleinstädte, die Großstädte, schon pochte er an die Pforte des Regierungspalastes …
Draußen wird gegen die Türe getreten.
… und heute steht er vorm Höllentor und führt sich auf, wie seine eigenen Anhänger beim Überfall aus ein Asylantenheim. Was für ein Fall! Ist die ganze schöne teure Zahnregulierung völlig umsonst gewesen? Wie ist er denn so plötzlich …? Im freien Fall? Von einer Brücke? Jemand hat vorher das Seil angeschnitten? Ein Ausländer? Eine aus den eigenen Reihen? Kriemhilds Rache? Jaja, das Ende kommt schneller als man glaubt.
Es wird wild gegen die Türe geschlagen.
Portier: Ruhe! Ich kann meine Pflicht als Türöffner nicht erfüllen, wenn ich nicht vorher meiner Neigung als Turmuhr nachgegangen bin.
Er schenkt sich das dritte Viertel ein und trinkt es langsam aus. Das Schlagen an der Tür wird immer wilder.

Portier: Wer drängt sich als nächster in die Hölle? Wer steht hinter dem gestürzten Helden, sozusagen? Ein Zeitungsmagnat? Wer? Der Besitzer des Kleinformats? Warum kommt denn der in die Hölle? Hat er seine Leser betrogen und belogen? Hat er die zweihundert Millionen Presseförderung für seine Bildersammlung abgezweigt? Nein? Er hat sich aufgeopfert? Für seinen Chefkolumnisten? Der hat geschrieben, daß in den Gaskammern nicht soviele umgekommen seien, daß sei technisch gar nicht möglich gewesen. Der Herr Magnat hat es persönlich ausprobiert und ist dabei ... entsetzlich, aber man soll nie glauben, was in der eigenen Zeitung steht.

Er betrachtet die zu dreiviertel leere Flasche.

Das letzte Viertel auf die volle Stunde.

Er schenkt sich das letzte Viertel ein. Das Treten und Schlagen gegen die Türe wird immer heftiger.

Gibt es heute keine ruhigeren Leichen? Einen alten Sturmbannführer von der Kameradschaft IV oder einen ehrenschützenden Landeshauptmann?

Er trinkt langsam das vierte Viertel aus. Macduff und Lennox beginnen die Türe einzutreten.

Portier, betrachtet die leere Flasche: Die Flasche ist leer und der Mensch ist voll, philosofisch gesprochen.

Macduff und Lennox kommen durch die eingetretene Türe.

Portier: Jetzt wollt' ich Ihnen gerade das Entree ermöglichen.

Macduff, schreit: Warum hast du nicht aufgemacht? Seit einer geschlagenen Stunde stehen wir vor der Tür!

Portier, betrachtet in Ruhe die leere Flasche: Stimmt!

Macduff erhebt seine Faust gegen den Portier.

Portier: Großer Herr, tun Sie mich nicht zerschmettern, es zahlt sich nicht aus. Ich bin nur ein kleiner Portier, ein bisserl philosofisch, ein bisserl melancholisch und ein bisserl alkoholisch.

Macduff: Schwätzer! Ist dein Herr schon auf?

Macbeth tritt auf. Der Portier tritt ab.

Die Freiheit ist grenzenlos - eine Utopie

BEPPO BEYERL/GERALD JATZEK

12.1.1996
AUSTRIA PRESSE AGENTUR (APA):
Im Rahmen der Ausländerdebatte des Nationalrats fordert der Justizsprecher der FPOE (Frohgemute Planer Ostmärkischer Enklaven) die Präzisierung des Begriffes *Volk* im Artikel 1 der Bundesverfassung *Österreich ist eine demokratische Republik. Ihr Recht geht vom Volk aus.* Daraufhin kommt es zu Zwischenrufen von der Besuchergalerie:
Wir sind das Volk!
Diese quittiert der Abgeordnete mit der Bemerkung:
Das Boot ist voll!
Im Anschluß an den folgenden Tumult, welcher die Verarztung der Besucher sowie die Belobigung ebensovieler Staatspolizisten zur Folge hat, wird die Sitzung mit einem überraschenden Entschließungsantrag fortgesetzt. Der Fraktionsführer der SPÖ (Silikon, Polyäthylen, Östrogene - Wir sind das Bauvolk der kommenden Welt) formuliert als Kompromißformel ein klares
Das Volk ist voll!
Die Partei der kleinen Landwirte, vormals ÖVP, ist in eine Obmann-Debatte verstrickt und will keine Stellungnahme abgeben.
Die zwei Abgeordneten der GAL (Gärtner aus Liebe) lassen einen Luftballon platzen. Ein Ausschuß wird gebildet.

19.2.1996
APA:
Nach einmonatiger Arbeit des Ausschusses und der Anhörung von Experten aus den Bereichen Genetik und Kameradschaftsbund beschließen Nationalrat und Bundesrat mit den Stimmen der heimatliebenden Parteien den Verfassungszusatz
Was ein Österreicher ist, bestimmen mir.
Die Abgeordneten der GAL lassen aus Protest zwei Luftballons platzen.

20.2.1996
KURIER: Freiheit ist eben nicht grenzenlos. Jawohl!
KRONENZEITUNG: Freiheit ist eben nicht grenzenlos, klar?!
UNTERKÄRNTNER NACHRICHTEN: Freiheit is nit grenzenlos, leilei!

21.2.1996
INFORMATIONEN DES BUNDESKANZLERAMTES:
Zur politischen Durchsetzung des neuen Verfassungsprinzips werden spezielle Exekutivbeamte, sogenannte Völkische Beobachter, in die Exekutive aufgenommen.
Gleichzeitig wird der Grenzschutz zur vordringlichsten Aufgabe des österreichischen Bundesheeres erklärt. Die Stationierung von U-Booten des Typs »Kraken« in den Grenzflüssen March, Thaya und Mur hat bereits begonnen. Die Wehrdiener sind angewiesen, Asylanträge erst im Anschluß an eine einstweilige Erschießung entgegenzunehmen.

17.3.1996
KRONENZEITUNG:
Skandal! Albaner bespuckt Völkischen Beobachter, statt auf Fangschuß zu warten! Zwei Flecken auf tadellosem Steirerjanker.
Lesen Sie:
Michael Jeannée: Geschockt, geknickt, gedemütigt! (Interview mit dem Opfer)
Lokalredaktion: Die Bestie kennt keine Reue! (Interview mit dem toten Albaner)
Trude Sagmeister: Es gibt halt keine Ehrfurcht mehr... (Interview mit dem Steirerjanker)

24.3.1996
KURIER:
Breite Unterstützung durch die Bevölkerung der Bundeshauptstadt für unsere Grenzschutztruppen. Auch gestern absolvierten Wienerinnen und Wiener Ausfälle hinter die Linien des Gegners, wo sie in heroischer Aufwallung die Lebensmittelgeschäfte in Bratislava und Sopron leerkauften.

7.4.1996
DER STANDARD:
In den letzten Tagen erhoben ausländische Medien den Vorwurf, daß Asylwerber in Österreich Folterprozeduren unterworfen würden. Unter anderem sollen ihnen bei Verhören Plastiksäcke über die Köpfe gestülpt worden sein.
Ein Sprecher der Exekutive bezeichnete diese Vorwürfe als erstunken, wenn nicht erlogen: In einem der Fälle habe man dem Verhörten sogar eine Zigarette angeboten.
Die Gegendarstellung des Asylbewerbers fußte auf der Frage: »Wie soll ich bitteschön rauchen, mit einem Plastiksack überm Kopf?« Weitere Stellungnahmen konnte er vor seiner Versenkung in den Neusiedler See nicht mehr abgeben.
Als Reaktion auf die Vorgänge will das Gesundheitsministerium eine Studie über die Gefahren des Rauchens publizieren.

21.4.1996
APA:
Der Innenminister betonte die liberale Flüchtlingspolitik seines Ressorts und verwies in diesem Zusammenhang auf die im letzten Monat eingebürgerten 3 Handballspieler, 4 Eishockeyspieler sowie 2 KGB-Majore.

24.4.1996
AMTSBLATT ZUR WIENER ZEITUNG:
Verordnung: Mit dem heutigen Stichtag wird allen Bürgern der Republik Österreich mit nichtösterreichischer Herkunft die Staatsbürgerschaft derselbigen entzogen, wobei die Frage der weiteren Aufenthaltsberechtigung der Obengenannten nach den fremdenpolizeilichen Vorschriften zu beurteilen sein wird, um ein Überhandnehmen der Überstunden des Wachpersonals der Justizstrafanstalten tunlichst zu vermeiden.
Der Minister für Recht und Ordnung.

1.5.1996
BASTA:
Völkische Beobachter enttarnen Hans Orsolics! Ehemaliger Boxeuropameister war tschechischer Spion! Das patscherte Leben nur vorgeheuchelt! Lynchjustiz durch aufgebrachte Menschenmenge. Blut in Strömen! Farbfotos von Seite 5 bis 11.

12.7.1996
NACHRICHTEN DES STATISTISCHEN ZENTRALAMTES:
Im ersten Halbjahr 1996 hat die Bevölkerungsdichte der Republik Österreich um 77% abgenommen. Nach der Ausweisung aller arbeitsscheuen, fremdländischen Elemente ist das Durchschnittsalter um 57,4 Jahre gestiegen. Die dadurch entstandenen Probleme im Sozialversicherungssystem bewirken eine Verminderung der Bevölkerungsbreite um 42%.

15.8.1996
DER STANDARD:
Nur noch jeder zehnte Österreicher arbeitet. Der Rest spielt Karten. Pensionen auf 15% reduziert.

12.9.1996
TIROLER TAGESZEITUNG:
Floridsdorfer Frühpensionisten ließen Kufsteiner Knecht im Ausgedinge verhungern. Daher: Los von Wien! Bischt Tiroler, bischt Öschtereicher!

20.9.1996
RATHAUSKORRESPONDENZ:
Bundesländer-Terroristen plündern Demel! Oberösterreich erklärt Kartoffelblokkade. Daher: Ja zu Wien! Wien ist Österreich!

2.10.1996:
BÄRNTALER BEZIRKSBOTE:
So gehts nit! Ho ruck iban Loibl, iban Wurzn, iba die Pack! Österreich is Karntn! Karntn is lei ans!

20.10.1996
ORGAN DER KLEINEN LANDWIRTE (VORMALS ÖVP-PRESSEDIENST)
Kleine Landwirte! Ihr seid die wahre ÖVP! Wehrt euch gegen die Parasiten am gesunden Volkskörper! Verschanzt euch in den Wehrhöfen des Tullnerfeldes! Zeigt den Großkopferten, was Bauernhände alles können! Jetzt erst recht!

27.10.1996
SOZIALISTISCHE KORRESPONDENZ:
Wir sind das Bauvolk! Da fahrt die Eisenbahn drüber! Es lebe die freie Republik Noricum, welche die Gebiete Wien, Linz und Hirtenberg umfaßt!

29.10.1996
EIPELDAUERS KLEINGÄRTNERBLATT:
Partei mit Basis und Konzepten sucht Staat. Bitte melden. Die GAL. (Inserat)

6.11.1996
BÄRNTALER BEZIRKSBOTE:
Zehntausende Begeisterte bejubelten gestern die Gründung des Königreichs Kärnten und intonierten gemeinsam die neue Landeshymne: »Wir sind die Scholle!«

8.11.1996
BÄRNTALER BEZIRKSBOTE:
Entgegnung:
Unwahr ist, daß die Scholle das Recht auf Gründung eines eigenen Staates hat. Wahr ist vielmehr, daß wir Schollen auch weiterhin jedem liefern, der sie bezahlt. Die Föderation Floridsdorfer Fischhändler.

10.11.1996
DER STANDARD:
Der österreichische Bundeskanzler konferierte gestern mit Vertretern der OPEC, die er um tätige Mithilfe zur Lösung der österreichischen Probleme ersuchte. Der Bundeskanzler dabei wörtlich: »Wir sind doch alle Österreicher!«

12.11.1996
EIPELDAUERS KLEINGÄRTNERBLATT:
Partei ohne Basis und Konzepte sucht Hilfe. Bitte melden. Die GAL. (Inserat)

14.11.1996
ARBEITERPENSIONISTENBLATT (VORMALS KRONENZEITUNG):
Trutzburg Tirol gegründet. Mit Farbfotos.

ANGESTELLTENPENSIONISTENBLATT (VORMALS KURIER):
Alemannen beschließen Unabhängigkeit. Mit Berichten.

BAUERNPENSIONISTENBLATT (VORMALS KIRCHENZEITUNG):
Bistum beider Bayreuths begehrt Salzkammergut. Mit Gebeten.

18.11.1996
DER STANDARD:
Der Bundeskanzler konferierte mit Vertretern von Siemens, Mannesmann und Mercedes, die ihre tätige Mithilfe bei der Lösung der österreichischen Probleme angeboten haben. Der Bundeskanzler anschließend wörtlich: »Wir sind doch alle Deutsche.«

22.1.1997
WESTDEUTSCHE ALLGEMEINE:
Aus dem Wortlaut des Vertrages von Hadersdorf-Weidlingau, den die Direktoren von Siemens, Mannesmann und Mercedes heute morgen unterzeichneten:
Das Bundesgebiet der ehemaligen Republik Österreich wird zum europäischen Disneyland erklärt. Der Eintritt beträgt 50 DM, für vergleichende Ethnologen 25 DM. Hunde sind nicht an der Leine zu führen. Alle Einwohner sind angewiesen, zu jodeln oder Geige zu spielen. Zum kaufmännischen Direktor wird der ehemalige Bundeskanzler ernannt. Die Organisation des folkloristischen Programms obliegt der Partei der kleinen Landwirte, vormals ÖVP.

27.9.1997
NIHON KEIZEI SHIMBUN:
Übernahme der Europäischen Gemeinschaft durch Mitsubishi & Yamaha perfekt.
Erstes Glückwunschtelegramm vom kaufmännischen Direktor des europäischen Disneylands (vormals Österreich): »Wir sind doch alle Japaner.«
Antwort der Aktionärsversammlung von Mitsubishi & Yamaha: »Die Freiheit ist grenzenlos.«

Die Ausländerscheuchen

DIETER ZEHENTMAYR

Wer will mich - Unsere Flüchtlingsecke

FRANZ HÜTTERER

Edith Klingler:
Guten Abend, liebe Flüchtlingsfreunde! Vielen Dank für die vielen, vielen Anrufe. Sie sind alles ganz wunderbare Menschen. Danke vor allem dem Bauunternehmer aus Schwechat, der gleich neun bosnische Maurer genommen hat. Er ist sehr zufrieden. Sie sind sehr willig und sehr billig. Danke, Herr Schinder aus Schwechat.
Den Securitate-Mann vom letzten Mal haben wir inzwischen auch gut untergebracht. Er ist nach Deutschland gegangen, zur BILD-Zeitung. Man verwendet ihn dort zum Recherchieren, und er soll sehr erfolgreich sein, obwohl er gar nicht Deutsch kann.
Jetzt aber zu unserem heutigen Asylanten. Er ist ein ganz wunderbares Exemplar. Er spricht nur Russisch und ein bißchen Englisch. Er hat es sehr schwer gehabt. Er mußte unter lauter Russen aufwachsen. Er ist durch politische Erdbeben obdachlos geworden. Alle seine Freunde haben ihn rechts liegen lassen. Er hat das Lachen aber nicht verlernt, obwohl ihn am Schluß alle herumgeschubst haben. Man hat ihn richtig grauslich behandelt. Er ist ein sehr schöner Flüchtling in den besten Jahren. Ein einmaliges Exemplar, schon durch die Zeichnung auf seiner Stirn. Die Haare sind schon ein bisserl grau geworden, und er hört auf den schönen Namen »Gorbi«. Vielleicht findet sich wer, der ihn brauchen kann. In irgendeiner Partei vielleicht, in der man Persönlichkeiten sucht. Er ist belastbar und robust und wird sich bestimmt schnell eingewöhnen.
So, das wars für heute. In einem Monat haben wir dann wieder viele herzige kleine Bosnierkinder bei uns und einen arabischen Asylanten, der hört auf den Namen Saddam. Ich hoffe, daß wir auch ihn wieder gut loswerden, und daß Sie wieder mit dabei sind bei »WER KILLT MICH?«.

Die Brücke hoch

DIETER ZEHENTMAYR

Magistrats-Abteilung für internationale Angelegenheiten (M.A.F.I.A.)

aus: Prost Mahlzeit

ALFRED DORFER, ROLAND DÜRINGER

Szene 4

Das Büro von Breitfuß (B.) ist mit einem Osterstrauch geschmückt. In Webers (W.) Büro herrscht die obligate Unordnung. B. ist offensichtlich mit einiger Arbeit eingedeckt. Das Telefon läutet.

B: Breitfuß. Grüß Sie. Tut mir leid, der Herr Weber ist auf Urlaub. Da müssen Sie sich an seine Vertretung wenden, den Herrn Katoch. Nein, ich kann Sie da nicht hinverbinden, weil der Herr Katoch auf einem Seminar ist. Rufens in einer Woche an.

Die Sekretärin (S.) bringt ein Postpaket ins Zimmer, das Telefon klingelt.

S: Die Post!

S. ab

B: Breitfuß. Ja können sie mich in 15 Minuten noch einmal anrufen. Wiederhören.

B. öffnet das Postpaket auf seinen Schreibtisch. Es handelt sich um den »Akt«. B. liest die dem Akt beigefügte Karte vor.

B: Herzliche Osterurlaubsgrüße aus Sizilien. Schaun Sie der Frau Knackal nicht zuviel unterm Rock. Gruß Weber.

S: (Gegensprechanlage) Ich geh zu Tisch, Herr Breitfuß.

B: Ja, na gut. Mahlzeit.

S: Mahlzeit.

Das Telefon läutet.

B: Ja bitte. Tut mir leid, der Herr Breitfuß ist schon bei Tisch.

B. legt den Telefonhörer von der Gabel, packt sein Wurstsemmerl aus und beginnt sich seinem Oldtimer zu widmen, als plötzlich Herr Güsül, der türkische Restaurantbesitzer (T.), nach kurzem Anklopfen in der Tür steht.

T: Hallo.

B: (telefoniert) Hallo, Moment, ja also Herr Ministerialrat, das Wesentliche hätt ma dann besprochen, bis bald, auf Wiedersehn *(legt auf)*. Sie wünschen?

T: Herr Weber?

B: Nein, Herr Weber ist auf Urlaub, kommt erst nächste Woche, nehmen Sie so lange draußen Platz.

T: Danke Herr Weber...

B: Jaja, äh, Moment, worum geht's?

T: Restaurant Zypresse, Ich Ylmaz Güzül ..., wir telefoniera. Soll kommen nur in drei Wochen.

B: Ah, Sie haben angerufen, vor drei Wochen ...

T: Ja, Herr Weber.

B: Ah. Äh, ja.

T: Restaurant Zypresse, Lüftung nix gut, brauchen Bescheiß ...

B: Bitte?

T: Bescheiße ...

B: Wir bescheißen niemanden. - Weil wir Amt, Beamte ...

T: Na ... Zettel ... Bescheid.

B: Ah, Bescheid. Muß ich in mein zweites Büro gehn, haben Sie alles mit? Na red ma nachher... *(geht in Webers Büro - holt Bescheid - kommt zurück)* So, Herr Güssing.

T: Ich nicht Mineralwasser, Güzül, Ylmaz.

B: Jajaja, schau ma amal, ich hab das eh schon durchgearbeitet.

T: Kebablokal, Lüftung nicht gut, stinkt, alles Kebab.

B: Ja, nicht gut für Leute.

T: Kebab gut für Leute.

B: Nicht wenn stinkt.

T: Kebab nicht stinkt, Zwiefel stinkt.

B: Herr Güzül, wir werden Pech haben!

T: Was haben?

B: Leider keine Lüftung, keine Kebab kann bewilligen.

T: Is Restaurant von Bruder, wir Kurda, ich zurück in Türkei.

B: Türkei schön, Bauchtanz ...

T: Jaja, Bruder kann nicht gut Deitsch.

B: Was haben Sie mit Herrn Weber, mit mir ausgemacht?

T: Halbe Lamm *(packt Lamm aus)*.

B: Tuns das weg. Wir sind nicht im Balkan, wir haben andere Gesetze, wir zivilisiert. So ich nicht können entgegenkommen.

T: Was können.

B: Ich armer kleiner Beamter, hart arbeiten ...

T: Halbe Lamm ...

B: Ich esse kein Lamm. Ich mache Trennkost ...

T: Hä?

B: Trennkost, nicht Kebab und Brot, sondern heute Brot, morgen Tomate, übermorgen Zwiebel, überübermorgen Kebab.

T: Dann aber Kebab schon kaputt, na das blöd, nur Kebab gut, aber nur Brot, das Schas im Wald wie man sagt in Kurdistan.

B: Reden Sie nicht obergscheid. Sie haben keine Eßkultur. Aber wie haben Sie sich das vorgestellt, vielleicht haben wir eine Möglichkeit.

T: Ich arbeite hart, in Frühe ich Feibra-Reklame, zu Mittag Kebabschneiden, am Abend ich verkaufe Zeitungen, Krona, Kurier, stehe ich auf in Früh, manchmal rufe an meine Frau in Kurdistan, ob noch lebt, Krieg.

B: Kommen Sie, spielen Sie mir da keine Kurdenoper vor, was haben Sie sich ausgemacht, man braucht nur eine Unterschrift, wenn nicht Unterschrift, dann nix ...

T: Wann machen Unterschrift ...

B: Naja ...

T: Halbe Lamm...
B: Nicht gut für Trennkost.
T: Ah, nur Brot, ich hole nur Brot.
B: Moment, Türe zumachen, ähm, haben Sie Preis ausgemacht.
T holt Kuvert hervor
B: So, das leg ma jetz da drunter. Ich schreibe Unterschrift auf andere Zettel, besser als da, das nur Kopie.
T: Scheißdreck.
B: Wie ma bei Ihnen sagt. So, wo is jetz mein Kuli?
T: *(holt Parker hervor)* Parker, Vorsicht teuer.
B: So, jetzt nächste Woche Kebab geht wieder, Hirse, Kichererbsen, hihihi, Chop Suey, Satziki.
T: Wir nix Griechen.
B: Jaja, schau ma noch amal, 10.000,- sehr fesch, gut, Herr Güzül.
T: Halbe Lamm nicht?
B: Ah, geben Sie es in meinen Kühlraum, nächstes Büro, große Kühlraum.
T: *(geht in Webers Büro, versteckt Lamm hinter Akten)* So gut?
B: Sehr gut, also ...
T: Salam.
B: Salam Ihnen auch, wann gehn zurück in Kurdien?
T: Nächste Woche.
B: Und wann kommen wieder?
T: Nicht mehr kommen, nur Bruder da.
B: Aha, Moment Sie müssen noch diesen Akt mitnehmen und in 2 Monaten aus der Türkei hierherschicken. In Amt an diese Adresse Zimmer 113.
T: Wieso?
B: Das ist so üblich. Nicht Kopfzerbrechen, nur schicken. Gut?
T: Gut!
B: Viel Spaß mit Kebab, Gruß an Bruder.
T: Mein Bruder, Wrestlingmeister in Türkei.
B: Das ist gut, das gefällt mir.
T: Salam.
B: Wiedersehn.
T. Herr Weber, mein Parker.
B: Ah, also dann ...
T: Mahlzeit!
B: Mahlzeit! *T. ab. B. zerreißt Zettel, Telefon läutet, er hebt ab.*
B: Breitfuß, nein, der Herr Weber is auf Urlaub, kann i was für ihn übernehmen?
Blackout

SZENE 6

Nach Pfingsten macht Herr Breitfuß einen Kuraufenthalt in Bad Tatzmannsdorf. Er ruft einen Freund im Amt an, welcher für die Urlaubseinteilung zuständig ist

Weber: (telefoniert) Karli, i hab di scho amol gfragt, wie des is mitn Segeltörn, ja es wär no a Platz frei, i hab da den freighalten, des war relativ schwierig, es gibt da allerdings nur a kleines Problemerl, der Breitfuß hat zur selben Zeit eingreicht, könntest Du vielleicht schaun, ob sei Urlaubsschein no da is, oder ober er vielleicht scho verschwunden is, Du weißt scho also, wieviel Plätze brauchst Du, zwei, für den Begleithasen auch, alles klar, griaßdi.

Währenddessen nimmt der Güsül-Bruder in Bs. Büro Platz. Telefon läutet bei W.

W: Weber, Mahlzeit. Der Breitfuß ist im Krankenstand, jetzt müßat i in sein Büro nachschaun, im Akt. Bleiben Sie so lange dran.

W. begibt sich in Bs. Büro. Bemerkt den Türken nicht gleich.

T: Weber?

W: Griaß Sie.

T: Weber?

W: Ja, wieso?

T: Güzül!

W: Güzül?

T: Güzül. Restaurant Zypressa.

W: Ja, wir telefoniert haben. Gehen in andere Büro. *Beide wechseln das Zimmer.* Wieso Sie jetzt erst kommen. Habe gewartet auf Sie. Je länger du warten, umso teurer wird.

T: Nix warten mehr. Nix, Bruder sagen, alles erledigt.

W: Bruder? So da haben wir schon Ihren Akt, Restaurant Zypresse. Schaut schlecht aus mit Lüftung.

T: Nix, nix, Bruder da, wos is mit ... *(fummelt in Bs Papieren)*

W: Wo is Bruder. Habe mit Bruder telefoniert. Wir nur telefoniert.

T: Nicht teppert reden.

W: Ich teppert reden, wann ich wollen.

T: Du mir Goschen anhängen!?!

W: Ich dir nix Gosch ..

T: Wüllst a Fotzen?

W: Eigentlich nicht, wenn Sie mich so fragen.

T: Also *(packt ihn)*

W: Moment, ich Beamter ...

T: Du Orschlochbeamter. Du Mafia.

W: Moment MA, heißt Magistratsabteilung.

T: Du Bruder hast versprochen. Dauert Woche, kann machen Kebab. Jetzt Polizei gekommen, Anzeige.

W: Sie, Herr Güzül, mir Tränen kommen. Aber wir haben da was ausgemacht.

T: Ja Kebab. Mit Bruder, alles o.k.

W: Aber ich nur haben telefoniert mit Bruder.

T: Das große österreichische Scheißedreck.

W: Werns nicht ausländerfeindlich, ich bins auch nicht.
T: Mein Bruder, ganze Familie in Türkei, alle Hunger. Kein Geld kann schicken.
W: Dann du mußt bezahlen oder andere Arbeit machen. Putzen.
T: Du machen Unterschrifte auf Bescheid.
W: Sie wollen mich nicht verstehn. Herr Güsül. Ohne Geld keine Musik.
T wird handgreiflich und zieht ein Springmesser.
T: Ohne Beil keine Fick, Fick.
S tritt ein.
S: Herr Weber bitte da wär, aso tschuldigung ...
S. ab.
W: Jajaja, Vorsicht neue Krawatte. Na gut, man kann ja reden.
T. gibt ihm Parker.
W: Aha, Parker.
T: Gold.
W: Aha!
W. unterschreibt zitternd den Bescheid und händigt ihm den Türken aus.
T: Du nie kommen in unser Lokal! *(macht Stranguliergeste - will gehn)*
W: Herr Güzül, Ihr Parker.
T: Mahlzeit.
W. Mahlzeit.
T. ab. W. nimmt Telefonhörer.
W: So Herr, ich hab den Akt da jetzt. Sind Sie noch dran? Na fein. Ich seh, wir haben da ein kleines Problem mit den Sesselhöhen in Ihrem Theater. Sie wollen ja sicher auch nicht, daß irgend ein Zuschauer zu Tode stürzt. Aber, bitte kommens doch einfach einmal vorbei, vielleicht finden wir eine Lösung. Wiederhören.

Hartes Duell

DIETER ZEHENTMAYR

Ich wäre ein Vorbild

WERNER SCHNEYDER

Es genügt nicht, sich über die Chaoten, Bürger und Polizisten in und aus Rostock empört zu haben. Man muß positive Zeichen setzen.

Ich, zum Beispiel, besitze ein Haus mit vielen kleinen Zimmern. Wozu so viele Zimmer nur für mich?, frage ich mich. Da könnte ich doch Asylwerber unterbringen – ja – mindestens soviele. Ich gebe zu, die Zimmer sind vollgeräumt mit Möbeln, Büchern, Papieren und sonst noch vielerlei Kram. Na und? Die Leute werden mir helfen, meine Sachen auf kleinstem Raum zu konzentrieren. Das geht schon.

Ich wollte ja nie ein so großes Haus, aber damals war kein kleineres zu bekommen, in dieser stillen Lage. Freilich habe ich hart arbeiten müssen, um es vielleicht bald abzahlen zu können. Doch das soll nur ein Grund mehr sein, es jetzt zu teilen.

Die Ruhe im Haus war mir ohnehin längst lästig. Dieses ewige Alleinsein mit Arbeitsvorhaben, dieses Gezwungensein zur Konzentration. Fremdländische Stimmen in jedem Stock, singend oder auch einmal zankend, lustiges Kindergekreisch, könnten sich auf meine Kreativität nur positiv auswirken, meine ich. Man müßte sich auch endlich wieder einmal bewußt machen, welch Privileg es ist, sein Klo ständig frei und – den persönlichen Gewohnheiten entsprechend – eher sauber vorzufinden.

Welch lustiges Gemeinschaftsleben könnte in der Küche entstehen. Sicher würden mich die Fremden an ihren köstlichen Rezepten teilhaben lassen, wenn ich meine – viel zu reichlich vorhandenen – Grundnahrungsmittel zur Verfügung stellte. Und welch ungekannten Spaß würde es mir machen, einem der Kleinkinder auch einmal ein Fläschchen zu geben. Würde mich mein Beruf mit seinen zahlreichen Verpflichtungen von zu Hause wegzwingen, wäre ich keine Sekunde nervös, es könnte dort etwas schieflaufen, es könnte etwas kaputtgehen, ich könnte vielleicht nicht alles so vorfinden, wie es war. Im Gegenteil! Ich wüßte mein Haus beschützt, bewahrt und bewohnt. Darüber, daß der eine oder andere meiner alten Tennisbälle ein Fenster getroffen hat, würde ich mich niemals grämen.

Ich hätte auch keinesfalls Einwände gegen das ungehemmte Ausleben fremder Religionen, Sitten und Bräuche. Und wenn meine naturverbundenen Gäste das Lagerfeuer unseres Grillfestes wegen drohenden Schlechtwetters ins Haus verlegten, fände ich das nur komisch.

Ich würde auch nie die Frage stellen – ganz abgesehen von der sprachlichen Schwierigkeit –, wie lange meine Mitmenschen zu bleiben gedächten. Der tägliche Blick auf die Fernsehnachrichten würde mich belehren: Die Freude scheint gleichsam unbegrenzt anzudauern.

Gerne würde ich die Damen und Herren der staatlichen Inspektion empfangen, wenn sich die nach dem Wohlergehen meiner Hausgenossen erkundigen kämen,

stolz würde ich auf Gewichtszunahmen oder in meinem Haus entstandene Schwangerschaften verweisen und den Entbindungen glücklich entgegensehen.
Je länger ich diese Möglichkeiten, mein Haus für Flüchtlinge zu öffnen, durchdenke, desto größer wird meine Gewißheit, daß ich alle Anlagen zu einem Vorbild hätte. Zu einem großen Menschen, mit einem großen Herzen, wie ihn die Gesellschaft in weit größerer Anzahl benötigte.
Aber irgendwas ist schuld an dem Konjunktiv.

Unannehmbare Annahmen

FRANZ HÜTTERER

Nimm einmal an
Du wachst auf und hörst
in den Morgennachrichten
nichts
über eine Verschärfung
der Asylbestimmungen
Nimm an
Du steigst in die Trambahn
und es klebt
kein Ausländer-HALT-Kleber
vor Dir auf dem Straßenbahnsitz
und Du fährst
eine lange Strecke
ohne daß
neben vor hinter Dir
das gesunde Umvolksempfinden
laut aufrülpst
nimm an auch
der alte Mann fehlt
der feldwebelhaft
die Ausländerkinder
abmahnt und
kein Recht mehr im eigenen Land
es ist nimmer schee
ausstößt
und nimm an
Du begegnest beim Umsteigen
nicht
den bodygestylten Junghacklern
die für alles die eine Lösung
wissen:
heimschicken, einweisen, abdrehn
und nimm weiter an
Dein Blick fällt nicht
nach dem Aussteigen
auf die National- und Soldatenzeitung
am Kiosk nebenan
und keine Kampagne
gegen Ausländerüberschwemmung
sticht Dir ins Aug

und nimm weiter noch an
keiner in Deiner Firma
schwingt das tägliche Staberl
schimpft den Caritasdirektor Trottel
und den Innenminister viel zu lasch
und keiner riefe
nach dem erstarkten Mann
und käm er diesmal nur aus Kärnten
und nimm an, nimm nur einmal an
das ging den ganzen Tag so weiter
bis Du glaubst
Du wärst in einer andern Stadt
in einem andern Staat.
Aber in welchem?

Rettet die kiribatische Revolution

ANDREAS P. PITTLER

Plötzlich waren sie massenhaft aufgetaucht. Die verschlafene Wiener Universität wurde an diesem Montagmorgen regelrecht von Flugblättern überschwemmt. Etliche fanden sich auch an den Wänden der Hörsäle und in den Arkadengängen affichiert. Wer sie herausgegeben hatte, ließ sich zunächst nicht ermitteln, fraglos aber mußte es sich, dem Inhalt nach, um eine linke Gruppierung handeln. Der Text des Flugblatts war bewußt knapp gehalten. Unter der Überschrift »RETTET DIE REVOLUTION VON KIRIBATI« hieß es: »An alle Antiimperialistischen Kräfte in Österreich! Die Revolution von Kiribati droht durch den selbsternannten Weltgendarmen USA vernichtet zu werden! Gestern wurde die fortschrittliche Regierung der kiribatischen Sozialisten unter Linford Andrews gestürzt und durch ein korruptes Marionettenregime ersetzt! Laßt nicht zu, daß der raubgierige Kapitalismus neuerlich einem freiheitsliebenden Volk an die Gurgel geht! Organisiert Widerstand! Kommt alle zur Demo am Mittwoch, 15 Uhr, vor dem Amerikahaus hinter dem Rathaus! Zeigt, daß euch die nationalen Befreiungsbewegungen in der Dritten Welt ein Anliegen sind! Kämpft mit uns für Frieden und Freiheit! Das geeinte Volk kann nicht besiegt werden!«

Während die Universitätsdirektion, an derlei Manifestationen schon lange gewöhnt, lediglich veranlaßte, die plakatierten Flugblätter zu entfernen, herrschte in den Sekretariaten der linken Studentenorganisationen höchste Alarmstufe. Alle beschäftigten drei Fragen:

1. Wo liegt Kiribati überhaupt?
2. Welche Position vertritt die dortige SP?
3. Wie stehen »WIR« zur Demonstration am Mittwoch?

Christa Z., Vorsitzende des Kommunistischen Studentenverbands, und Elli M., Sekretärin des KSV, trafen sich gegen Mittag des besagten Tages im Café Votivpark, um die durch die Flugschrift aufgeworfenen Probleme zu diskutieren. Christa bestellte eine Melange und wandte sich dann an Elli. Die referierte, was sie mittlerweile in Erfahrung gebracht hatte. »Also, ich hab' g'rade mit den Sozis telefoniert. Von ihnen ist das Flugi nicht. Sie sagen, sie hätten mit dem Jankowitsch geredet, und der habe ihnen versichert, daß die kiribatische SP nicht Mitglied der SI ist.« Christa unterbrach Elli: »Das heißt, die dortige SP gehört zu uns?« Elli zuckte mit den Schultern: »Ich bin mir nicht sicher, ich hab' den Muhri noch nicht erreicht. Aber ich denke schon, weil ich kann mir nicht vorstellen, daß die Trotzkisten irgendwo eine Regierung stellen könnten.« Christa nickte zustimmend. »Freilich wahr, aber dann geht die Aktion auch nicht von der SOAL aus. Stellt sich die Frage, wer hat das Flugblatt dann herausgegeben? Die Anarchos? Kaum. Also wer?« Ratlosigkeit machte sich breit. Christa blickte auf die Uhr. »Am besten, du berufst für heute abend eine Sitzung der Bundesleitung ein, und morgen reden wir dann mit den Sozis, ob sie bei der Demo mitmachen, gegebenenfalls rufen wir auch auf, die Veranstaltung zu unterstützen. Und sag' den Leuten von der RP, sie sollen auf jeden Fall einen Artikel vorbereiten, Geschichte der kiribatischen Revolution und so.« Elli, die die essentiellen Aussagen ihrer Vorsitzenden notiert hatte, klappte ihr Heft zu, nickte knapp, trank den weißen Spritzer aus, zahlte und machte sich auf den Weg. Christa, der bis zum nächsten Termin noch etwas Zeit blieb, versenkte sich ins »profil«.

Roland S., Sekretär des Verbandes Sozialistischer Studenten Österreichs, legte die »Zukunft« beiseite. Eben war der Vorsitzende, Bernhard H., in den Räumlichkeiten des VSSTÖ eingetroffen. »Hast schon g'hört, Putsch in Kiribati! Der Reagan hat wieder zugeschlagen«, begrüßte er ihn. H. zeigte sich verwirrt. »Und?« »Na nix und. Eine Demo gibt's und die Kummerln haben anfragen lassen, ob wir mitmachen.« »Was sagt die Partei?« »Die kennen sich da auch nicht aus. Der Jankowitsch meint, zur SI g'hört die dortige SP nicht, und im Zweifelsfall soll'n wir die Finger davon lassen.« H. lächelte schmal: »Klar, jetzt ist er seit ein paar Tagen Minister, da will er nicht, daß seine Jusos gleich wieder auf die Amis losgehen.« »Sei dem, wie dem sei«, übte sich S. in philosophischen Formulierungen, »wir müssen eine Entscheidung treffen.« »Müssen wir?« »Na ja, sonst heißt's wieder, uns fällt nichts ein.« H. griff sich die FAZ, überflog die Schlagzeilen und warf dann, wie beiläufig, ein paar Worte hin: »Frag' einmal die Linzer, was die dazu sagen. Und dann stell' fest, ob uns die Sache was kostet. Wenn ja, dann sind wir nicht dabei, wenn nicht, dann schick' den Rudi Ratlos oder irgendwen von der Gewi hin, aber exponieren tun wir uns da eher nicht, würd' ich sagen.«
Robert M., Aktivist der trotzkistischen Sozialistischen Alternative, platzte mit den Neuigkeiten über die kiribatischen Ereignisse ins Café Phönixhof, wo der soalistische Guru, Hermann D., gerade aus Mandels »Die langen Wellen des Kapitalismus« exzerpierte, um die derart gewonnenen Erkenntnisse im nächsten Referat verwenden zu können. »Haben wir dort eine Schwesterorganisation?« »So viel ich weiß nicht, aber im VS sagen sie, wir haben dort eine Gruppe, die mit uns sympathisiert. Die stehen in kritischer Solidarität zur SP. Die SP hat nämlich nach ihrem Machtantritt auf die Volksbewaffnung bewußt verzichtet, und die Nationalisierung der Schlüsselindustrien ist zwar versprochen, aber immer noch nicht in Angriff genommen worden. In fast allen entscheidenden Fragen vertritt die SP reformistische Konzepte, wiewohl es den Anschein hat, daß der linke Flügel innerhalb der SP in letzter Zeit stark an Einfluß gewonnen hat, der SP-Chef, dieser Andrews, dürfte ein Zentrist sein.« »Von wem geht die Initiative zur Demonstration aus?« Hier war auch Robert M. ratlos: »Anscheinend nicht von den Kommunisten. Es ist auch unwahrscheinlich, daß sich die Sozis zu einer Aktion aufraffen.« Das Gesicht seines Gegenüber verfinsterte sich: »Wenn die Sache von der RKL initiiert wurde, dann müssen wir sofort Schritte einleiten, um den grundlegend falschen Ansatz dieser Sektierer in der kiribatischen Frage aufzuzeigen.« »Worin besteht der Ansatz der RKL?« »Ist ja augenblicklich egal, die haben noch nie eine konkrete Position vertreten. Sag' dem Reinhold, er soll das recherchieren und ein paar deftige Cartoons zeichnen, einen gegen die USA, einen gegen die

verschlafenen Jusos und, für alle Fälle, ein paar gegen diese Typen von der RKL. Herr Ober, noch einen Franziskaner!«
Im Rotstilzchen, dem zentralen Treffpunkt der Anarchos, herrschte ob der Uhrzeit – es ging gegen drei Uhr nachmittags – noch allgemeine Müdigkeit vor. Peter M. malte dessenungeachtet ein Transparent für die Demonstration, wobei seine Zunge wie bei einem ABC-Schützen die Lippen entlangwanderte. Zufrieden betrachtete er nach einer Weile sein Werk: »Freiheit für Kiribati und alle politischen Gefangenen. Laßt die Sprayer frei.« Dann schrieb er mit schiefen Buchstaben an die Wand hinter der Theke: »Demo am Mittag gegen die Yanks. Drei Uhr, Amerikahaus. Pflastersteine und gute Laune mitbringen.« Er trat einen Schritt zurück, dann wieder nach vor, strich den »Mittag« durch und verbesserte seine Schreibe auf »Mittwoch«. Hernach holte er sich ein Bier aus dem Kühlschrank, schnippte einen Zehner in die Dose auf der Theke und ließ sich in einen Fauteuil plumpsen. Er war im Lot. Am Abend würden die Comrades seine Message lesen und mitmachen, ohne viel zu fragen, ohne all das salbadernde Gequatsche dieser elitären Gehirnakrobaten in der Uni. Auf die Anarchisten konnte man sich verlassen, für die zählte die Tat und nicht das ermüdende Gewäsch pseudointellektueller Welterklärung. Er mußte nur noch dafür Sorge tragen, daß am Dienstag der Alkoholkonsum in vernünftigen Grenzen blieb, um allfällige Ausfälle am nächsten Tag zu verhindern.

Der Abend verging mit zahlreichen Debatten und Sitzungen. Es wurden Pros und Contras abgewogen, wohlfeile Reden gehalten und Statements abgegeben. Dann wurde zu den Abstimmungen geschritten. Der KSV unterstützte, selbstverständlich und ohne Wenn und Aber, solidarisch die kiribatische Befreiungsbewegung, freilich nicht ohne daran einen Appell für eine friedliche Welt ohne Kernwaffen und vor allem ohne NATO-Nachrüstung, die in Wirklichkeit ja zweifelsfrei eine Vorrüstung war, anzuschließen. Die SOAL trat ebenfalls der Plattform zur Rettung der kiribatischen Revolution bei, mußte jedoch darauf hinweisen, daß sich am vorläufigen Scheitern der dortigen SP einmal mehr zeige, wohin die verhängnisvolle Politik des Reformismus zwangsläufig führen müsse. Es sei aber nicht der Augenblick, so schloß die Erklärung der SOAL, sich gegenseitig Fehler aufzurechnen, sondern der Moment, wo die gesamte Linke geschlossen gegen den imperialistischen Feind anzutreten habe, um das fortschrittliche Erbe auf dem Weltenrund zu verteidigen und auszubauen. Der VSSTÖ wiederum beteiligte sich, so ließ er verlauten, aus prinzipiellen Erwägungen an der Demonstration, da niemand, auch nicht die USA, ein Anrecht besitze, eine demokratisch gewählte Regierung zu stürzen. Nur das Volk von Kiribati sei jener Souverän, dem selbiges zukomme. Daher müsse die rechtmäßige Regierung augenblicklich wieder in ihre Rechte eingesetzt und gegebenenfalls die Organe der UNO, insbesondere der Weltsicherheitsrat, angerufen werden, um so rasch als möglich den Status quo ante wiederherzustellen, um Unruhen, schlimmerenfalls sogar bürgerkriegsähnliche Zustände hintanzuhalten. Die zentrale Aussage der Anarchisten war weniger beredt, aber punktgenau: »Wir machen mit«, hieß ihre Devise. Die Frage, von wem eigentlich die Initiative zur Demonstration ausgegangen war, wer die Flugblätter publiziert hatte, wurde von allen Organisationen ausgespart. Sollte die Aktion ein Erfolg werden, so konnte man sich diesen auf die eigenen Fahnen schreiben, anderenfalls immer noch genügend Zeit blieb, mit der Suche nach dem Spiritus rector zu beginnen.

Der Dienstag stand im Zeichen der Organisierung. Jede Gruppe war darauf bedacht, anläßlich dieser Manifestation neuerlich die eigene Stärke unter Beweis zu stellen, und die Funktionäre schwärmten aus, die Sympathisanten von der Notwendigkeit ihres Erscheinens am nächsten Tag zu überzeugen. Eilig hektographierte man noch schnell einige Flugblätter, worin die Position der jeweiligen politischen Richtung auf den Punkt gebracht wurde. Sie zu redigieren blieb jedoch keine Zeit mehr. Jeder hoffte, der andere wisse über Kiribati auch nicht mehr als man selbst. Und in die UB zu gehen, um sich Literatur zu Kiribati zu besorgen, das würde ohnehin keiner versuchen. Die erhielt man ja erst am Mittwoch, also am Tag der Demonstration, wodurch man sich der Gelegenheit beraubte, seine Anwesenheit auch durch schriftliches Material zu bezeugen. Außerdem, da müßte man doch andauernd die Bibliotheken stürmen. Wer wußte seinerzeit schon viel über Grenada? Oder über Burkina Faso? Eben. Im Ernstfall konnten sich alle auf dem Common sense verlassen. Für Polemiken blieb danach auch noch Gelegenheit.

Am späten Vormittag des Mittwochs versammelten sich vor den Räumlichkeiten der diversen Organisationen jeweils einige Dutzend Leute, die sich kurz vor 15 Uhr zum Friedrich-Schmidt-Platz aufmachten. Am schnellsten waren die Vertreter des VSSTÖ am Ort des Geschehens, zumal sie keine 500 Meter zurückzulegen hatten. Die Aktivisten der SOAL kamen aus der Neustiftgasse über die Zweierlinie zum Amerikahaus, während die KSVler komplizierter anreisen mußten, da sich ihr Sekretariat auf der Landstraße befand. In der Eile nahmen sich auch die Transparente etwas seltsam aus. Mochte »Solidarität mit Nicaragua« noch seine Berechtigung haben, fraglos würde dieses kleine Land das nächste Opfer amerikanischer Aggression werden, so waren einige Spruchbänder – »Stoppt den Sozialabbau« – doch etwas fehl am Platz. Hermann D. bemühte sich, mittels eines Megaphons Gehör zu finden, um über den wahren Charakter des Putsches aufzuklären, während sich einzelne Demonstranten vergeblich nach einer Rednertribüne oder ähnlichem umsahen. Allmählich kam den führenden Funktionären zu Bewußtsein, daß sie stillschweigend damit gerechnet hatten, daß sich jene, die ursprünglich zu der Demonstration aufgerufen hatten, auch um die notwendige Infrastruktur kümmern würden. Während sie noch darüber spekulierten, hörte man einen Trupp Anarchisten am Landesgericht vorbeimarschieren, lautstark Parolen von sich gebend. Einige davon waren durchaus originell. »Mutti und Vati für Kiribati«, riefen sie und »Amis schleicht euch von dem Eiland, eure action war nicht leiwand!«. Drohend zog nun auch der erste Einsatzwagen der Polizei seine Kreise um das Amerikahaus, während am anderen Ende des Platzes die Rathauswache Aufstellung nahm, um allfällige Unmutsäußerungen der Demonstranten in Richtung kommunale Verwaltung augenblicklich zu ahnden. Kurz nach viertel

vier kam in der Gruppe, die mittlerweile auf leidlich 200 Personen angewachsen war und sich etwa ebenso vielen Polizisten gegenüber sah, Ratlosigkeit auf. Schließlich entdeckte einer der Aktivisten ein Plakat, das auf einen der Pfeiler des Amerikahauses geklebt war. Weiß der Himmel, wie es den Plakatierern gelungen war, den Posten vor der amerikanischen Vertretung zu überlisten, fraglos aber hing das Schriftwerk hier und bezog sich ohne Zweifel auf den Grund der Anwesenheit von beinahe 400 Menschen. Die Entdeckung machte in Sekundenschnelle die Runde, und wenig später versammelten sich die nominierten Redner der Organisationen vor dem Stück Papier, um zu lesen, was da geschrieben stand: »*Aus: Der Fischer Weltalmanach '86. Zahlen, Daten, Fakten, Hintergründe. Fischer Taschenbuch Verlag, Frankfurt am Main 1985, S. 346 f.; Kiribati, amtlich Ribaberikin Kiribati, Inselstaat in Ozeanien. Fläche: 886 Quadratkilometer, Einwohner: 60.000; Flagge: rot mit gelbem Vogel und aufgehender gelber Sonne, darunter sechs gewellte waagrechte Streifen; Nationalfeiertag: 12.7.; Unabhängigkeit: 12.7.1979. Staats- und Regierungsform: Präsidialrepublik mit Inselparlamenten, keine Parteien, Stammesverbände; Präsident (Beretitenti): Jeremia Tabai (seit Juli 1979).*«
Fassungslos blickten sich die Anführer der revolutionären Jugend Wiens an, nicht wissend, was zu tun nun angezeigt sei.

Und im Lukas, einem Lokal in der Innenstadt, prosteten sich ein altlinker Kaffeehausliterat und die Tochter eines Installateurs augenzwinkernd zu, sich über ihren gelungenen Scherz herzhaft freuend.

An der Grenze

DIETER ZEHENTMAYR

Die Endlösung der Ausländerfrage

ALFRED HEINRICH

Über den Beginn des Ausländerproblems herrscht Uneinigkeit. Theologen meinen, die Vertreibung Adams und Evas aus dem Paradies – wobei die sattsam bekannte Schlange als Stasi-Agentin fungierte – sei die erste Ausweisung in der Geschichte gewesen. Allerdings dürfte diese Auffassung auch dem Bischof von St. Pölten nicht behagen, da man daraus ableiten könnte, Franz Löschnak wäre quasi die Reinkarnation Gottes, eine Funktion also, die Krenn somit nicht für sich in Anspruch nehmen könnte. Historiker gehen davon aus, daß das Ausländerproblem beim ersten Zusammentreffen von Neandertalern und Pekingmenschen entstanden ist, wobei damals wie heute die Affenähnlicheren die Rassebewußteren gewesen sein dürften. Dabei darf aber der Pekingmensch nicht mit dem etwas jüngeren Pöckingmenschen verwechselt werden, der für seine Person die Ausländerfrage gelöst hat, indem er sich durch Annahme verschiedener Staatsbürgerschaften die Option auf die Ämter eines Kaisers von Österreich, Präsidenten von Ungarn und bayerischen Europa-Abgeordneten gesichert hat. Motto: Wer will mich.

Später hat sich die Geschichte dann in Ermangelung neuer Einfälle wiederholt. Gab es einmal wirklich Einfälle, waren es die der Hunnen und anderer Völker, die dann zur Einwanderung germanischer Stämme ins Römische Weltreich führten, wo sie aber bald umgevolkt wurden. Jahrhunderte später kamen dann Millionen europäischer Gastarbeiter nach Amerika, wobei sie dem Ausländerschicksal durch zeitgerechte Ausrottung der Inländer entgingen. Sie haben sich zwar aus dieser Zeit ihre Aversion gegen alles Rote erhalten, begingen aber dann den Fehler, sich untereinander zu vermischen, was, wie sie der Rassenforscher und »Krone«-Lyriker Wolf Martin(ek) als erster erkannte, unweigerlich zur Verblödung führt und in weiterer Folge zur Watchlist.

Je weniger Inländer ein Land hat, desto drückender wird die Ausländerproblematik empfunden. Die meisten Ausländer gibt es sicher aus der Sicht der Liechtensteiner, die wenigsten aus der der Chinesen. Aus österreichischer Sicht stehen weniger als acht Millionen Inländern mehr als fünf Milliarden Ausländer gegenüber. Diese wohnen allerdings – entgegen der Meinung der FPÖ – größtenteils im Ausland. Allerdings hat sich die seinerzeitige FPÖ-Parole »Wien darf nicht Chikago werden« hauptsächlich gegen die Burgenländer gerichtet, von denen ja viele in Chikago leben (nur der Munzenrieder leider nicht).
Die ungünstige Relation Inländer – Ausländer (1 : 700) würde sich leider auch nicht wesentlich ändern, wenn wir sämtliche Eishockey-Spieler und Handballerinnen der Welt einbürgern. Außerdem besteht die Gefahr, daß schon die zweite oder dritte Generation führende Positionen im Staat einnimmt, wie die Präsiden-

ten Waclavik und Klestil, die Regierungs- und Parteikapos Vranitzky und Busek oder der FPÖ-Gemeinderat Westerthaler, geborener Hojac, hinlänglich beweisen. Aus österreichischer Sicht gibt es drei Gruppen von Ausländern: Güteklasse 1 sind die, die sich nur kurz hier aufhalten und dafür auch zahlen. Wir führen sie, selbst wenn sie Japaner sind, zu den Lipizzanern, Sängerknaben, in die Kapuzinergruft und zum Heurigen, und wenn sie endlich genug haben, halten wir auch noch die Hand auf. Güteklasse 2 ist jene große Mehrheit, die nie im Leben nach Österreich kommt. Sie bringt uns zwar kein Geld, bleibt aber auch nicht hier.

Güteklasse 3 ist die eigentliche Problemgruppe. Es sind die Tschuschen, Kameltreiber, Polaken usw., die uns in den Spitälern pflegen, den Dreck putzen und in Form von Zeitungen auch noch verkaufen; die uns auch noch beschämen, indem sie mit penetranter Pünktlichkeit Steuern und Abgaben entrichten. Sie sind es, die uns, wie Grundsatzreferent Mölzer sofort durchschaute, umvolken wollen. Und nützen noch dazu unsere mangelnde Potenz schamlos aus. Denn wenn Mölzer nicht von der geistigen Potenz seines Umfeldes auf die körperliche geschlossen hat, ist ja die ganze deutsche Sprach- und Kulturgemeinschaft zu einem einzigen impotemkinschen Dorf geworden. Vor allem aber haben sie uns die bis nun hier völlig unbekannte Kriminalität ins Land gebracht.

Dennoch zeigt sich erstmals ein Hoffnungsschimmer am Horizont. Infolge des Scheiterns der Umweltkonferenz in Rio, infolge auch der steigenden Verbreitung von Atomwaffen könnte die Endlösung der Ausländerfrage in absehbarer Zeit bevorstehen. Daß in dem Zusammenhang auch die Inländerfrage endgelöst wäre, ist eine der berühmten unerwünschten Nebenwirkungen, aber es gibt halt selten einen Nutzen ohne Schaden.

Freilich ist damit die Sache nicht unbedingt ausgestanden. Es gibt Vermutungen, daß die Insekten unter allen Umständen überleben könnten. Es könnte also der Fall eintreten, daß unter den Bienen Vorurteile gegen Wespen entstehen. In welchem Ausmaß, hängt von der Auflage der Drohnenzeitung ab.

C wie CHAUWIENISTEN und andere CISLEITHANIER

Äußerln

LUKAS RESETARITS

Kumman'S ma ned a so! Gö, soo net!
Mi wern Se do ned herstraan auf an Ausländer! I wohn da seit ..., – da warn Se no gar net!
Was? Ausländerfeindlich, na des scho gar net, so brauchenS'mir aa ned kumman, schau i so aus, wia a Ausländer? -feindlicher Mensch?
Waas? Nur wäu i so ausschau glaumS' i warat a Feind von de Ausländer?
Derf i kaan Huat aufhom und an Janker an und a Wampn? Und an Hund?
Se gfoin ma heanS', heanS' se san ja a Rassist, genau!
A Rassistenbeidl bis durt hinaus! SchaunS' Ihna doch an!
I hab kan Menschn no mei Lebtag no nie was tan!
Ich liebe das Tier, – und dadurch eben auch den Mensch!
Mia is des wurscht was ana is oder wiara tuat, oder was!
Owa i muaß mi do ned mit an jeden abgeben, net?
Tuan Se ihna mit an jeden abgeben, ...?
SchaunS' a jeder is irgendwia anders, – jeder!
Des is ja des Schöne an Gottes Erdboden: der ane is so, der andere is so. A jeder wia'r a is.
Nur wäu i jetztn so bin, – warum soll i anders sein, san eh andere anders, – i bin so!
Warum soll i mi fia des scheniern? I bin so und aus!
I bin hoid ka Ausländer, soll i mi jetzt um de Erd haun?
Und aans kann i Ihna scho sogn: Wann i wo bin, dann bin ich wia 'sase g'hert, i kumm aa vü herum, nur fahr ja i wiederum haam! So gherts a se aa.
SchaunS': In der Karibik is es ja wunderherrlich, de Sonne, das Meer, de Leichtichkeit des Lebens, der Dolce Favorita wia ma sogt, net? Alles herrlich!
Na und bin i durt? Nein! I bin da, da können de durt ham Früchte und was waaß i und an Rum und was alles ham ...
I bin ned neidig, de sollen das haben, aber daß i deswegen ...? Daß i wegen ana Banane meine Heimat in Stich loß?
SanS' ma net bes, so bin i und bitte: Wann ich wo bin, ich passe mich an, - Ja jetztn schaunS' scho wieder so – aber so is es. A jeder muß sich anpassen, wo kummert ma denn do hin. Bide schaunS' da her: Alles ang'schissen, mit Verlaub! Von de Gfraasta ...
Bide, machen de des dahaam aa? Was? A dahaam hams a Klo und da scheißens in de Forsizienbuschen in Vurgartl, – dann soins dahaam scheißen wanns a Klo ham!
I fahr ja aa ned in de Karibik und scheiß am Strand vurn herrlichen Sonnenuntergang, oder vakauf den Karibikern Marlboro oder oozahte Netzleiberln.
SchaunS' ich will ja diese Leute hier nicht persöndlich da angreifen! Des steht mir ferne! Aber wann se do herkumman, dann sollen se sich anpassen, dann sollen se sich benehmen wie ein Österreicher, vastenganS' des ned? Ich benehme mich ja auch wie ein Österreicher, überall!

Na kumm Ratzi, jetzt mach schön Haufi! Na? Drucki, drucki!

WissenS' er hat ja scho soiche Hämmeridn der Ratzi, wäu er so zruckhaltn tuat, vor lauter Rücksicht. Ein feiner Hund, der Ratzi, bevor der wo hinscheißt...na was glaumS' was mich der Tierarzt kostet? Aber da fragt kana...
Da könnten sich viele sogenannte Menschen ein Beispiel nehmen.
Und bide, sind mir sich ehrlich, mein Ratzi vakauft auch keine Leiberln und fahrt nicht mit an stingaten Ostauto, flüchtet nicht, ein treues Tier..
Und irgendwo muaß er ja, er is ja in freier Wildbahn, praktisch, er zahlt ja seine Steuern!! Oisa ich fia eam.
Mia leisten ja was, und da machen mia uns unser Dings, so wia mia wollen, heanS' i bin a dreidreißga Jahrgang! I hab weiß Gott genug mitgmocht!
I war nie Ausländer! Mia ham sich was aufgebaut, mia können uns und unseren Hund ernähren, und wann der Ratzi jetzt auf den Gehweg scheißt, dann ist das sein Recht, und de Ausländer kennan scheißen gehn!

Aber ned do!

Neonazis I

THOMAS NEMEC

Arisch-Literarisch

Ein Beitrag zur angewandten Kunstkritik

WOLFGANG BEYER

»In den Wind gereimt« heißt jener lyrische Zyklus, mit dem sich ein bisher kaum bekannter Autor in die Weichteile einer Zehntausende zählenden Leserschaft gedichtet hat. Wolf Martin heißt der Mann, der das ohnehin längst über die zulässigen Schadstoffgrenzen hinaus belastete ästhetische Restempfinden tagtäglich auf eine schier unaushaltbare Zerreißprobe zu stellen pflegt. Immer wieder erreicht der Wolf im Dichandspelz mit seinen formal wie inhaltlich revolutionären, alle literarischen Konventionen sprengenden Versen den 12. Härtegrad auf der zehnteiligen, nach unten offenen Mailänder Skala, mit der künstlerische Vermessenheiten aller Art gemessen werden. Einer dieser – gar nicht so seltenen – Tiefflüge soll im folgenden eingehend analysiert werden:

IN DEN WIND GEREIMT

In großen Städten von Europa
bleibt besser heut zu Haus der Opa,
und manche überfallne Oma
lag auf der Straße schon im Koma.
Es steigt der Räuberbanden Zahl,
Ausländer sind es allzumal.
Ja, machet Platz den armen Fremden,
besorgt euch eure Leichenhemden.

WOLF MARTIN

Nun ließe sich – aus linguistischer wie literaturtheoretischer, vor allem aber semantischer und semiotischer, geschweige denn semi-idiotischer Perspektive so allerhand anmerken angesichts dieses ach so achtbaren Achtzeilers, der nicht nur gängige Versmaße, sondern auch jene deutsche Sprache revolutionieren könnte, die in einschlägigen Redaktionen bekanntlich mehr beherrscht denn benützt wird.

Da wäre zunächst und zuvörderst die geniale Wortschöpfung »allzumal« zu nennen, die – virtuos spielet der Dichter auf der Klaviatur volkstümlicher Phobien! – »allemal« und »all zu oft« dergestalt kombiniert, daß es zwar nicht ausnahmslos, aber eigentlich fast meistens immer die Kanaken sind, die unsere Oma ins Koma schmeißen (aus welchem sie, wir wissen es seit Jahren, höchstens noch der »Rennbahn-Express« zurückholen könnte); und die unsere allseits geachtete Generation der Großväter in die arisierten Häuser treiben, woselbst sie, politisch frustriert und bis ins Ostmark getroffen, auf bessere Zeiten hoffen, in denen sie endlich wieder auf die Straße dürfen, und, gemeinsam die meisterlichen Verse Wolf Martins skandierend, jene Anfänge herbeibrüllen können, denen man angeblich zu wehren hat und die dennoch schon längst währen für und für; auf daß also – Martin bedient sich da eines bewundernswert einfachen wie klaren Bildes – Leichenhemden für die Fremden reserviert sind und bleiben, wie in Auschwitz und Rostock also auch am Wiener Meiselmarkt. Und daß all diese Leichenhemden fürderhin keine Taschen, wohl aber eventuell Streifen haben mögen, dafür ficht unerschrocken Wolf Martin, der (um in der Diktion seines Blattes zu bleiben) meistgelesenste österreichische Lyriker.

Gemein, verständlich, vor allem aber gemeinverständlich formuliert der Dichter, der in der besten Tradition österreichischer Antifaschisten wie Waggerl und Weinheber steht, ein großes Thema unserer Zeit: die Sicherheit. Spätestens seit dem letzten Wahlkampf wissen wir ja, daß Wien entweder sicher bleiben oder sicher werden muß; und daß diese Alternative die höchstzulässige Parteienpluralität markiert. Alles andere fiele unter den Begriff Opposition und kommt daher nicht vor. So sorgen sich etwa Grüne um unsere Gesundheit angesichts oder besser angeruchs ausländischer Kraftfahrzeuge, so fordern andere die Verstärkung der Sicherheitskräfte, in völliger Verkennung des oftmals, vor allem bei Hausdurchsuchungen und friedlichen Verhören ausgestoßenen Rufes: »Hilfe, Polizei!«.

Und sozial denkende Politiker versuchen seit Jahren, den schwarzen Arbeitsmarkt zu unterbinden, weil dieser ein Sicherheitsrisiko für jeden Unternehmer darstellt, der im Falle eines Falles mit einer Geldstrafe bis zu mehreren Schilling zu rechnen hätte.

Populär bis ins Blut- und Bodenhafte kombiniert nun der geniale Lyriker jenes den ganzen heimischen Volkskörper durchdringende Sicherheitsbedürfnis mit einer weiteren einheimischen Eigenart, dem Phänomen des pensionistischen Bewußtseins. Des Österreichers heimliche Hauptstadt ist der Zentralfriedhof, er ist redlich bemüht, schon vor der Pubertät zu verkalken, um spätestens mit der Gebär- bzw. Zeugungsfähigkeit auch gleich den angestrebten Zustand des Rentnertums zu erreichen. Vorsorgende Eltern kümmern sich gleichzeitig um einen Schulplatz und um eine angemessene letzte Ruhestätte für den Sprößling, der Grabstein sollte spätestens nach Erreichen des dreißigsten Lebensjahres in Auftrag gegeben werden. Weil, wie der Wiener sagt, man ja nie wissen könne. So ist – zumindest ideell – jeder Österreicher ein Opa und jede Österreicherin eine Oma, und sie alle empfinden den gleichen wohligen Schauer, wenn sie ans Aussterben denken. Und da das Altwerden in diesem Land – nicht zu Unrecht – bereits als Leistung gilt, die mit öffentlichen Zuwendungen belohnt wird, hegen die Pensionisten jeden Alters ein tiefes Mißtrauen gegen alle Ausländer, die erst später zu uns kamen, zu keinem anderen Zweck, als uns heimtückisch zu überleben.

Deshalb ist der Österreicher patridiotisch bis ins Tiefste seiner Leber, deshalb muß hierzudorfe selbst der Rum nachweisen, Inländer zu sein.

Das alles erkannt, angewandt und zu einem zwar kurzen, aber nichtsdestotrotz erheblichen Stück abendländischer Lyrik verdichtet zu haben, ist die unbestreitbare Leistung des Autors. Daß er überdies, quasi nebenhin, die kühne Behauptung aufstellt, das Heimatdorf des Wieners zähle zu den »großen Städten von Europa«, sei hier nur am Rande vermerkt. Wie meisterhaft jene acht Zeilen komponiert sind, soll ein praktisches Beispiel veranschaulichen. Hier – zum Vergleich – ein Gedicht, das den Genius des wahren Dichters ins rechte Licht zu rücken und die Kleinheit, ja Kleingeistigkeit sogenannter kritischer Kunst vom Olymp ins Purgatorio mieselsüchtiger Mittelmäßigkeit zu schleudern vermag.
Wohlan, es sei – und lasset alle Hoffnung fahren:

IN DEN GRIND GESCHLEIMT

Tief im Arsch der Redaktionen,
wo die rechten Drohnen wohnen,
lehrt ein Wolf das Fremdenhassen
(Schimpfen Massen, klingeln Kassen!).
Und es steigt der Nazis Zahl,
Von Berlin bis Bärental.
Auf, Ihr alten Arier Ahnen:
Schart euch um der »Krone« Fahnen!

WOLF BEYER

Der Vergleich macht Sie sicher: Die bemühte und inflationäre Verwendung des Binnenreims, die eindeutig in der Tradition der Agitprop stehende Plattheit der Aussage, die offenbar als »progressiv« empfundene Verwendung von Ausdrükken, die geeignet sind, das gesunde Volksempfinden zu verletzen - das alles zeigt, daß es der Autor dieser Zeilen niemals zu einer Veröffentlichung in einem renommierten Literaturmagazin wie »Kronenzeitung«, »Täglich alles« und »Das goldene Blatt« bringen wird. Und das mit Recht.
Mit ebensolchem Recht ehren wir den Schöpfer des Originals, Wolf Martin. Ihm gebührt der Kranz aus Eichenlaub, den wir uns erlauben werden, mündlich zu überreichen ... oder zu übergeben ... oder uns mündlich zu übergeben ...
In unserem nächsten arisch-literarischen Kolloquium wollen wir uns wieder der Prosa zuwenden. Der Titel: »Richard Nimmerrichter und die Auschwitz-Saga – eine längst fällige Erneuerung des deutschen Volksmärchens«.

Gastfreundschaft

DIETER ZEHENTMAYR

Tschuschen, wollt ihr ewig leben?

REINHARD TRAMONTANA

Also, die sogenannten Jugos sind doch wirklich das Letzte.
Wir haben euch immer gern gehabt. Wir waren zu euren Töchtern immer nett, und nicht selten noch netter. Wir haben euch eingeladen, jede verfügbare Drecksarbeit zu machen. Ihr durftet die öffentlichen Bedürfnisanstalten putzen. Ihr durftet Schnee wegkehren. Ihr hattet den Vorzug, in Künetten zu kriechen. Ihr konntet auch zum Dritten Mann werden und die Abwässer-Kanäle mit Hilfe großer, meistens fast neuer Besen, ungeachtet der wenigen tausend Ratten, reinigen.
Es hat Fälle gegeben, da seid ihr in ein ganz spezielles Vertrauen gezogen worden.
Ihr wurdet Hausmeister.
Leib und Leben, Hab und Gut sind euch damit überantwortet worden.

Als sich herausgestellt hat, daß ihr Menschen seid, haben wir sogar für euch umgedacht. Wir haben euch, mit der innigen Liebe des kultivierten Menschen, nicht mehr Fremdarbeiter genannt, sondern Gastarbeiter.
Wir haben uns angewöhnt, statt: »Du können deutsch?« zu fragen: »Können du deutsch?«
Wir haben uns eines Tages sogar einfallen lassen, alle miteinander Kolaric zu heißen.
In welchem anderen Land würde die Bevölkerung mehrheitlich dazu übergehen, Voska heißen zu wollen? Oder gar Rabl?

Wir haben euch langmütig erklärt, wie man eine Zeitung umblättert, wie man eine Tür schließt, wie man höflich sagt: »Mein Kind auch in Schule!«, wie man sich brav anstellt zwei Stunden, bis man an einem Bankschalter drankommt, und wie man launigen Polizisten den Ausweis zeigt.
Wir haben euch unermüdlich für jeden unerheblichen Schritt und Tritt das »Bitte vielmals« und »Danke, danke sehr« gelehrt.

Den Slowenen in Kärnten haben wir sogar die Gleichberechtigung versprochen, und dazu eine Autonomie, von der die Indianer in den Reservaten von Arizona nicht einmal zu träumen wagen.
Wir haben ihnen – ich erwähne dies bloß, um euch euer Privileg vor Augen zu führen – sogar Versprechen gemacht, die wir den zwei vor zwölf Jahren zuagrasten Feuerländern nicht gemacht haben (obwohl wir nicht sicher waren, auf welcher Seite Feuerland im Zweiten Weltkrieg gestanden ist).
Wir haben engagiert versucht, den Begriff »Krowot« durch die völkische Variante »Kümmeltürk« zu ersetzen. Wir haben mit euch fast klaglos Tür an Tür gewohnt.
Es gibt Familien, die euch als Nachbarn bezeichnet haben.

Eure Kinder sind von unseren Kindern schon lange nicht mehr angespuckt worden, untertags. Keiner von euch wird scheel angesehen, wenn er in der U-Bahn seinen Stehplatz einnimmt.
In Gasthäusern bekommt ihr den besten Tisch vor dem Klo. Die Exekutive ist milde und schlägt nur zu, wenn's sein muß. Ihr dürft euch auch, um soziale Fragen zu erörtern, zu zwölft in jenen Substandard-Wohnungen zusammenrotten, in denen ihr seit Jahren gewohnt seid zu leben.
Wir haben euch also auch noch Versammlungsfreiheit geboten, ganz abgesehen vom Lebensstandard und der selbstverständlichen Herzlichkeit.
UND WAS MACHT IHR TSCHUSCHEN?

Ihr habt nichts Besseres zu tun, als uns die schönsten Adria-Strände mit euren eingeschlagenen Fetzenschädeln zu verseuchen!
Habt ihr schon einmal darüber nachgedacht, was Dankbarkeit ist? Ist euch schon einmal bewußt geworden, wie sehr selbst den verständnisvollsten Nachbarn ärgern muß, daß ihr nichts im Sinn habt als politische Selbständigkeit?
Ist euch klar, daß euer Geblödel sogar unsere Bundesheer beansprucht hat – und das zu einem Zeitpunkt, zu dem es exakt dort gebraucht worden wäre, wo es am effektivsten ist: rings ums Hochwasser?
Nicht genug damit, daß ihr Kroaten und Slowenen frech politische Zustände haben wollt, wie sie (unbestätigten Gerüchten zufolge) im Westen herrschen, wollt ihr von diesem Westen auch noch als eigenständige Territorien anerkannt werden.

Natürlich habt ihr euch als erstes nach einem Nachbarland umgeschaut. Aber da habt ihr euch gottseidank verrechnet. Österreich ist nicht so blöd, wie ihr glaubt.
Wir werden unsere EG-Option nicht für ein bissel Mitmenschlichkeit, für ein bissel Solidarität, für ein bissel moralische Unterstützung aufs Spiel setzen.
Wo kämen wir denn hin, würden wir Exporte durch Haltung gefährden? Wir sind bekanntlich keine Vorreiter-Nation, sondern eine Mitreiter-Nation.
Wir müssen denen, die uns was überweisen könnten, beweisen, daß wir jeden ausweisen, der sich nicht ausweisen kann.
Wenn ihr auch nur ein bißchen Rücksicht hättet, würdet ihr uns nicht um Nachsicht bitten. Versteht bitte den Unterschied: Ihr seid Lands-Leute; wird sind Kauf-Leute.

Relativ negativ

Heli Deinboek

Wenn ein Mann hintergangen wird von seiner Frau
entwickelt er gewöhnlich Pessimismus.
Wenn ein Mann imitiert wird und von Eifersucht sekkiert wird,
dann wird er leicht empfänglich für Faschismus.

Über mein Weiberl, das ein jeder bisher Rosi rief
dachte ich bis dato meistens positiv.
Ging sie fremd, dann nur mit Blonden, die die deutsche Sprache konnten,
zuletzt mit einem Playboyschwein, wohnhaft in Bad Hofgastein.

Doch unlängst sagte sie: In dem Lokal do waß i wen ...
schwoaz am Brustkorb, denn er kommt aus Asien!
Ich sagte: Rosi, dir wird fad heut, denn heut spür ich wie Apartheid
meiner Seele sich bemächtigt, nix wird fremdgenächtigt.

Denn ich bin relativ negativ
wenn meine Frau mit einem Neger schlief,
positiv.
I bin relativ negativ,
waun i an Perser in ihrn Stiagnhaus triff
mit sein Mief.

I bin ungewitzt abgeblitzt,
wauns mid an Jugo in da Bodwaun sitzt
und sche schwitzt.
Oba mir gehts absolut goa ned guat
wauns mit an Türkn pfitschigoggaln duat,
hollarollara, in Ankara!

1938, mir is des ned einerlei,
fand man schließlich Anschluß an das deutsche Ei.
Is ein Flutsch erst europäisch,
is ma liaba ois hebräisch,
ka Japaner kauns je bringa
wie a haßa Simmeringer.

Heast i bin doch ned dei Libidobarabara
daß d'Sphinx schpün duast mit irgendsoan Araba!
Von mir aus trink zwa Glasln Cola mit an deutschn Südtiroler,
doch bei Lust aus dem Ural bleib ich sicher nicht neutral.

Denn ich bin relativ negativ
wenn meine Frau mit einem Neger schlief,
positiv.
I bin relativ negativ,
waun i an Perser in ihrn Stiagnhaus triff
mit sein Mief.

I bin ungewitzt abgeblitzt
wauns mid an Jugo in da Bodwaun sitzt
und sche schwitzt.
Oba mir gehts absolut goa ned guat,
wauns mit an Türkn pfitschigoggaln duat,
hollarollara, in Ankara!

Hans & Hasso

JÖRG-MARTIN WILLNAUER

Szene aus: MAN MÜSSTE KLAVIER SPIELEN KÖNNEN - ein kabarettistisches Theaterstück

Darsteller:
Hans – ein rechter Piefke vonne Waterkant, Jurist, stolpert übern spitzn Stein.
Hasso – Hans' treuester Begleiter.
Hugo Valentin – Barpianist.
Hans: Hier Hugo, hasse'n Hunni: GAUDEAMUS! Aba zackich!
(Hugo spielt GAUDEAMUS)
Hans: Möönsch Hugo, nich so hooch, wir sin nich inne Sixtinische Kapelle! - Ruich Hasso, ruich!
(Hugo transponiert)
Hans: Büschn hoch, aba sonst tadllos! SILENTIUM! Bruda Hugo stärkt sich! - Ruich Hasso!
Jaa, gelernt is gelernt!
Kommsn her Hugo, wosn deine Heimat!? -
Burgnland?! -
Ja, kenn ich! Schon gewesn: Eisnstadt, Raiding, – Liszt, Franz Liszt –, Ödnburch, – achnee, das is ja aufe annnere Seite.
Habt ihr euch wechnehm lassn, wech, alles wech!
Weiste, wie weit Östreich ma gegang is?
(zählt auf) Steinamanger, Cilli, Marburch, Laibach, Triest, Venedich, Mailand, Bozn, Verona: Alles deutsche Stedte, alles wech!
Nee, jetz komm du mir bloß nich mit östreichische Nation, son Keese. Das sin deutsche Stammlande! Da brauch ich keen böhmischn Großvata, das is deutsch!
Verona: deutsche Kultur!
Romeo & Julia: Östreicher!
Habt ihr euch wechnehm lassn, alles wech!
Müßt ihr euch wieda holn, Jungs! Könnt ihr euch nich gefalln lassn! – *(stolz)* Wir ham uns jetz ma Mittldeutschland wiedageholt. Kommunistn allegemacht!
Mit Krrafft; Wirrtschafftskrrafft!
Ruich, Hasso, ruich!
Ostdeutschland kommt noch! Könichsberch! Deutsche Stadt! Kant! Wird heimgeholt! Nee, jetz noch nich. Is noch n büschn früh! Zeit is noch nich reif. Das braucht Fingerspitzngefühl. Wer zu früh kommt, den bestraft das Lem, Gorbatschoff. Kann ja'm Kommunistn nich DANKE sagn, aba Gorbi: historische Waheit wieda zugelassn! Jaa mein Junge is beigewesn, Berlin '89. Der is da aufe Maua gesessn! – Nee ich nich, hab ja keine Zeit, Juristerei, sitz ja n ganzn Tach im Büro!
Aba mein Junge is beigewesen. Mittnmang.
Auch jetz wieder, mittnmang dabei: ROSTOCK, – HOYERSWERDA, immer mittnmang!

Hab ich ihm gesaacht: Junge das is in Ordnung, das hat meine volle Sympathie, – aba nich inne erste Reihe!
Ja, da hält der sich dran. Eisern! Strammer Junge.
Ruich Hasso!
Das is Hasso, mein Kampfhund! Nich der Größte.
Mein Bonsai-Kampfhund!
Wissnse wie der heißt? HASSO VOM BÄRENTAL.
Reine Rasse. OSTMÄRKISCHER VOLKSKAMPFHUND!
Nee, nich der Größte. Aba der WÄCHST noch! Ruich Hasso!
Ach, Keese, ich bin kein Nazi, Quatsch. Aba stolz, ein Deutscher zu sein! Der Franzose ja auch!
Wie saacht der Franzose? - La Grande Nation!
Meinetwegn, nüscht dagegn.
Oder der Brite, wie saacht der Brite? - Great Britain!
Saacht ja keener was.
Aba wenn ich ma saage: Groß-Deutschland, dann is die Hölle los!
Ach, Quatsch, ich bin keen Nazi, Keese. Aba muß ma gesaacht wern, durfte ja lange nich gesaacht wern, aba jetz kammas ja wieda saagn: Die Nationalsozialisten ham ihre eigene Elite gut behandelt!
Nee, die annern nich. Das stimmt. Gabs n paa Übergriffe.
War nich die feine englische Art, stimmt.
Aba die wärn ja sowieso gestorm.
Aba eigene Elite gut behandelt!
Deswegn is der Deutsche jetz auch wieda ganz obenauf!
Nee, die Kommunistn nich! Im Gegnteil! Die ham sich ja alle gegenseitich umgebracht! Die ganze rote Elite ausgerottet! Massakriert! Der Stalin, der hat ja alle über die Klinge spring' lassn. Seine bestn Leute. Nee, er selber nich, der hatte ja seine Kommandos.
Aba alle wech, alle hin! – *(grinst)* Nee, stimmt ja nich: n paa sin ja noch da.
Aba alle vonne Bildfläche verschwundn. Wie die Rattn inne Löcha! Manchma frage ich mich, wo sindn die alle hin!? Warn doch früher überall: Im Radio, im Fernsehn, in jedem Wirtshaus! *(geht ins Publikum)* Bist dun Linka!? Hm? Na, demma Vorsicht vor die eigene Leute.
Du ne linke Bazille? – Nee, siehst auch nich so aus.
Noch jemand links hier!? – Jungs, wo isn der Stammtisch!? Muß doch n Stammtisch sein, hier! Gibts doch nich, n deutsches Lokal ohne Stammtisch! – Ja da drüm, wo die Männa sin! Jungs, ich muß euch ma n Witz erzehln.
Nee, nich von mir. Ich mach keene Witze.
Paß ma auf: Was is der Unterschied zwischn dem Judn un dem Türkn!? Na? Das weißt du nich??
Is doch ganz einfach: Der Türke hats vor sich, der Jude ...
SCHNITT

Nach Mitternacht lassen die Gäste die Hosen runter und zeigen ihr wahres Gesicht.

Die Ilona

JOSEF HADER

Also sehr lieb. Wirklich.
Sehr fleißig und bescheiden und … willig.
Gaanz lieb.
Die schupft den Haushalt wie nix.
Meine Frau ist so froh.
Also wirklich, sehr fleißig.
Naja, sie kocht ein bißl fett.
Aber vielleicht haben wir das auch irgendwie verlernt.
Daß wir das essen können ohne Sodbrennen.
Diese ganzen ursprünglichen Sachen
sind ja bei uns herüben
schon fast verlorengegangen.
Drum bin ich auch sehr für diese Öffnung nach Osten.
Weil, das können wir von denen drüben lernen.
Diese Rückkehr zu einem einfachen äh...Leben.
Die drüben brauchen ja nicht umkehren,
die sind schon dort, haha.

Meine Frau und ich,
wir fahren ja oft hinüber.
In diese hintersten südböhmischen Dörfer.
Wo die Häuser noch so richtig schön verfallen sind.
Und diese romantischen Dorfbrunnen.
Natürlich alles verseucht.
Und die buckligen alten Mutterln,
die humpeln dort noch richtig über den Dorfplatz.
Weils noch keine gscheiten Orthopäden habn.
Und dieses ganz normale tschechische Mischbrot.
Dieses gaanz normaale tschechische Mischbrot.
Das schmeckt.
Mitnehmen darf mans nicht.
Herüben schmeckts nimmer so.
Aber drüben.

Und das sind alles Sachen,
die man im Waldviertel
praktisch nicht mehr findet.
Dort ist ja alles schon renoviert.
Blumenkistl vor den Fenstern.
Grauslich.
Aber dort drüben ist das noch so richtig ursprünglich.
Irgendwie gsünder.
Bei uns is ja sovieles KRANK.
Bei denen ist das alles noch GSUND.
Außer der Ernährung.
Das Grammelschmalz fressen die rein bis zum Gehirnschlag.
Da muß ich noch reden mit der Ilona.

Germane, unmittelbar der Gefahr drohender Umvolkung ausgesetzt

DIETER ZEHENTMAYR

Die Verhandlung

(zugeeignet Franz K.)

ERICH DEMMER

I

Als Grgur Samsic eines Morgens aus unruhigen Träumen erwachte, fand er sich in seinem Bett zu einem ungeheueren Österreicher verwandelt. Er lag auf seinem panzerartig harten Rücken und sah, als er überrascht den Kopf ein wenig hob, seinen gewölbten, braunen, von bierfaßähnlichen Wülsten geteilten Bauch, auf dessen Höhe sich die Bettdecke, zum gänzlichen Niedergleiten bereit, kaum noch erhalten konnte. »Was ist mit mir geschehen?« dachte er.
Es war kein Traum. Dergestalt war die Wölbung seines Bauches – es schien, als habe er seit jeher den Hunger mit Unmengen von Backhendln, Grammelknödeln und Schweinsbraten gestillt –, daß er uneingeweihte Beobachter an wohlbekannte Exemplare ausgiebig untersetzten Mannestums erinnert hätte wie den verdienstvollen Freistilringer »Otto Big Wanz« oder den ..., der ja ..., wie auch jenen, der nach langer Intrigerei ... St. Pölten ... hatte.
Traum war es keiner. Sein Zimmer, ein richtiges, nur etwas zu kleines Menschenzimmer, lag ruhig zwischen den vier wohlbekannten Wänden, und er wunderte sich, wo seine Mitbewohner, deren Anwesenheit in der mit 35m^2 nicht gerade üppigen Wohnung ihn in den letzten Monaten förmlich behindert hatte, geblieben wären. Mit einem melancholischen Blick zum Fenster – man hörte Regenkaskaden auf den Pappendeckel-Fenterersatz aufschlagen – überlegte Samsic, wie er ohne den Beitrag seiner gewesenen Landsleute die monatlich zu entrichtende, doch fünfstellige Summe für sein nach wie vor vorläufiges Bleiberecht an den wie immer freundlichen Vermieter überweisen könne.
Müde und ohne Verstehen betrachtete er das aus einem Strohsack hervorgegangene mitverwandelte rotweißrote Linnen. Doch plötzlich – feuchten Auges hatte er mit verschwindendem Bewußtsein seiner in der Ferne verbliebenen Verwandten gedacht – hörte er, der doch bisher des Schriftdeutschen ebensowenig wie des Wiener Dialektes mächtig war, sich mit etwas veränderter Stimme, aber aus vollem Halse »Leckoaschschaaßbeidlfutundgschißn« grölen. Sein zukünftiges Österreichertum war damit unabwendbar, konnte er doch eindeutig die erste Zeile der Bundeshymne.
Nicht genug damit: Nie gehabte Gefühle stiegen in ihm hinab. Als er im Spiegel sein nunmehr aufgedunsenes Gesicht erblickte, pfiff er fröhlich die Melodie der Volksweise »Geh Oide, schau mi net so deppat au«, Sehnsucht nach Marschmusik ergriff ihn auf das äußerste, und mit letzter Kraft widerstand er der Versuchung, dem Radio auf der Stelle Jodlereien und Humoristenwitze zu entlocken.
Er hatte gelernt, aus heißem Herzen emporströmenden Wünschen nicht spontan nachzugeben. Denknotwendig begann Samsic täglich die »Kronen Zeitung« zu

lesen. Das mit dem Lesen dieser Tageszeitung sich einfindende Wohlbefinden kroch warm sein Rückenmark empor.
Aber auch dunkle Angst, denn – so die »Krone« – überall lungerte gefährliches Volk. Von selbst empfahl sich der Ankauf von so oder so einzusetzenden Waffen. Nach dem Ankauf eines scharfen Dt. Schäferhundes und einer Frau aus Thailand (nicht so scharf, wie im Katalog versprochen) verprügelte Samsic im Vollrausch einige des Weges kommende Andersausschauende und wurde deswegen Bezirksrat der FPÖ.
Bei einem morgendlichen Frühstück war es ihm wie Schuppen von den Augen gefallen, daß er mit dem Erwerb der Zeitung gleichsam ein österreichisches Vademekum zur Hand hatte, das ihn bei seinem Bestreben, – nun, da es geschehen war – ein guter Österreicher zu werden, auf das einfühlsamste unterstützte. Und eifrig lernte er, daß zwar alle Tiere, nicht aber alle Menschen gut und zu betreuen seien. Der Hinweis, daß man diese allerdings an Haar- und Hautfarbe, manchmal auch an der Nasenform identifizieren könne, gab ihm Sicherheit und Tatkraft.
Zutiefst verehrte Samsic einen von seinem nunmehrigen Leibblatt propagierten Politiker, dessen Wolfsgebiß sich wie durch ein Wunder rückentwickelt hatte, und dessen einfache Erklärungen für den Grund allen Übels ihm durchaus einleuchteten. Dessen mildtätige Geste, politikmüde Kampfgefährten mit einer halben Million – er zahlte sie mit den Worten »Ruhe sanft!« als »Ruhegeld« aus – den Abschied zu versüßen, empfand er als zutiefst menschlich.

II

Durch emsiges Arbeiten an sich hatte Samsic mit der Zeit auch sein inneres Wesen an das geänderte Äußere angepaßt. Er, der früher doch so unmotiviert gelacht hatte, betrachtete zusehends seine Umgebung mit ernstem Mißtrauen. Er wies in Gaststätten auf die langsame Bedienung hin, reihte sich bevorzugt in diverse Warteschlangen ein, ließ sich bei Streitfragen wie etwa das Recht auf einen Parkplatz nicht in Frage stellen, rempelte beim Einsteigen in die Straßenbahn ungerührt Mütter mit Kinderwagen und beglückte auch wildfremde Menschen mit seiner Meinung, die er lauthals zum Ausdruck brachte. Widerspruch duldete er selten.
Behaglichkeit durchflutete ihn vor allem des Abends, wenn er vor dem TV-Gerät seiner Lieblingssendung »Musikandenstadl« beiwohnen konnte, an der er durch Schunkeln und Mitsingen Anteil nahm. Gutgelaunt verdrosch er dann seine Frau im Takt mit der leeren Bierflasche – gern zog er sich dafür einen Steirerjanker an. Das scharfe Knurren seines Dt. Schäferhundes wärmte ihm die Seele. Iwan – so nannte er seinen treupfotigen Gefährten – gehorchte ihm fast aufs Wort.
Eines Tages ging er in einen nahe gelegenen Park und setzte sich auf eine leere Bank, während Iwan lustig herumspielte. Samsic bemerkte neben sich eine vergessene Zeitung und begann (vielleicht einen Leserbrief?) in dem alten Blatt zu lesen:

»Es ist, als wäre viel vernachlässigt worden in der Verteidigung unseres Vaterlandes, die Ereignisse der letzten Zeit machen uns Sorgen. Fremde haben den Hauptplatz besetzt, es scheint, daß sie jeden Morgen mehr werden. Ihrer Natur entsprechend lagern sie unter freiem Himmel, denn Wohnhäuser und Waschen verabscheuen sie. Sie beschäftigen sich mit dem Putzen von Waffen, dem Schärfen von Messern und dem Abrichten ihrer Brut. Aus diesem stillen, immer ängstlich rein gehaltenen Platz haben sie einen wahren Stall gemacht. Reden kann man mit den Fremden nicht. Unsere Sprache kennen sie nicht, ja sie haben kaum eine eigene. Oft machen sie Grimassen; dann dreht sich das Weiß ihrer Augen und Schaum schwillt aus ihrem Munde. Was sie brauchen, nehmen sie. Man kann nicht sagen, daß sie direkt Gewalt anwenden: Vor ihrem Zugriff tritt man beiseite und überläßt ihnen alles.
Der Fleischhauer gegenüber: Kaum bringt er seine Waren ein, ist ihm schon alles entrissen. Oft liegt ein Fremder neben seinem Kind und beide nähren sich vom gleichen Fleischstück, jeder an einem Ende. Der Fleischhauer wagt nicht mit den Fleischlieferungen aufzuhören. Bekämen die Fremden kein Fleisch, wer weiß, was ihnen zu tun einfiele; wer weiß allerdings, was ihnen einfallen wird, selbst wenn sie täglich Fleisch bekommen. Letzthin dachte der Fleischer, er könne sich wenigstens die Mühe des Schlachtens sparen und brachte am Morgen einen lebendigen Ochsen. Das darf er nicht mehr wiederholen. Ich lag wohl eine Stunde ganz hinten in meiner Werkstatt unter allen meinen Kleidern, Decken und Polstern, nur um das Gebrüll des Ochsen nicht zu hören, den von allen Seiten die Fremden ansprangen, um mit den Zähnen Stücke aus seinem warmen Fleisch zu reißen. Uns Handwerkern und Geschäftsleuten ist die Rettung des Vaterlandes anvertraut: Es ist Zeit, ans Werk zu gehen.
Franz Dohle

Gregur Samsic sann kopfnickend der Wahrheit des Gelesenen nach, als ihn plötzliches Getöse aufschrecken ließ. Mißfallend bemerkte er, daß durch den Lärm herumtollender Kinder sein geliebtes Tier von nervösen Anfällen heimgesucht wurde, die sich in lautem Gebell, wütendem Knurren und verzweifeltem Schnappen äußerten. Gregor Samsics höflich vorgetragene Bitten, das Tier nicht durch provozierendes Weglaufen zu verstören, fanden indes keinen fruchtbaren Boden. Und als Iwan wieder einmal nach kurzer Verfolgungsjagd in dunkelhaarige Kinderbeine sich förmlich verbissen hatte, entwich Samsics Lippen das Wort »Scheißtschuschen« wie ein milder Abendhauch des Glücks. Warum mußten sie den Frieden stören? Lärmen! Tollen! Sich vergreifen an fremdem Gut. Ans Werk, ans Werk! Samsic holte seine sorgsam mitgebrachte Pumpgun aus der Tasche, und nicht nur sein nunmehr blaues Auge blitzte.

III

Die Ungerechtigkeit nahm ihren Lauf. Gregor Samsitsch wurde verhaftet, abgeführt und auf freiem Fuß nach einer kurzen Untersuchung angeklagt. Aber es war ihm wie eine Bestätigung seiner neuen Träume und guten Absichten, als zu Prozeßbeginn der Richter als erster sich erhob und unser Gregor in dessen durchaus vertrautes, von zahlreichen Schmissen verziertes Gesicht blickte. Ein heißes Gefühl von Geborgenheit und Einwurzelung durchzuckte den gewordenen Patrioten, als seine Augen über die balkanischen Gesichtszüge seiner als Nebenkläger am Prozeß beteiligen Widersacher glitten. Mit einem kaum vernehmbaren Seufzer der stolzen Zufriedenheit summte Gregor Samsitsch »Daheim, da ist es doch so schön« zu der Melodie »Jo, mir san min Radl do«. Das Gewinnen des Prozesses schien ihm ein leichtes, und seine Lebensgeschichte würde er der »Kronen Zeitung« verkaufen. Er fühlte, wie sich sein junger Körper dehnte, und hörte sich sagen: »Irgendjemand muß mich verleumdet haben!«

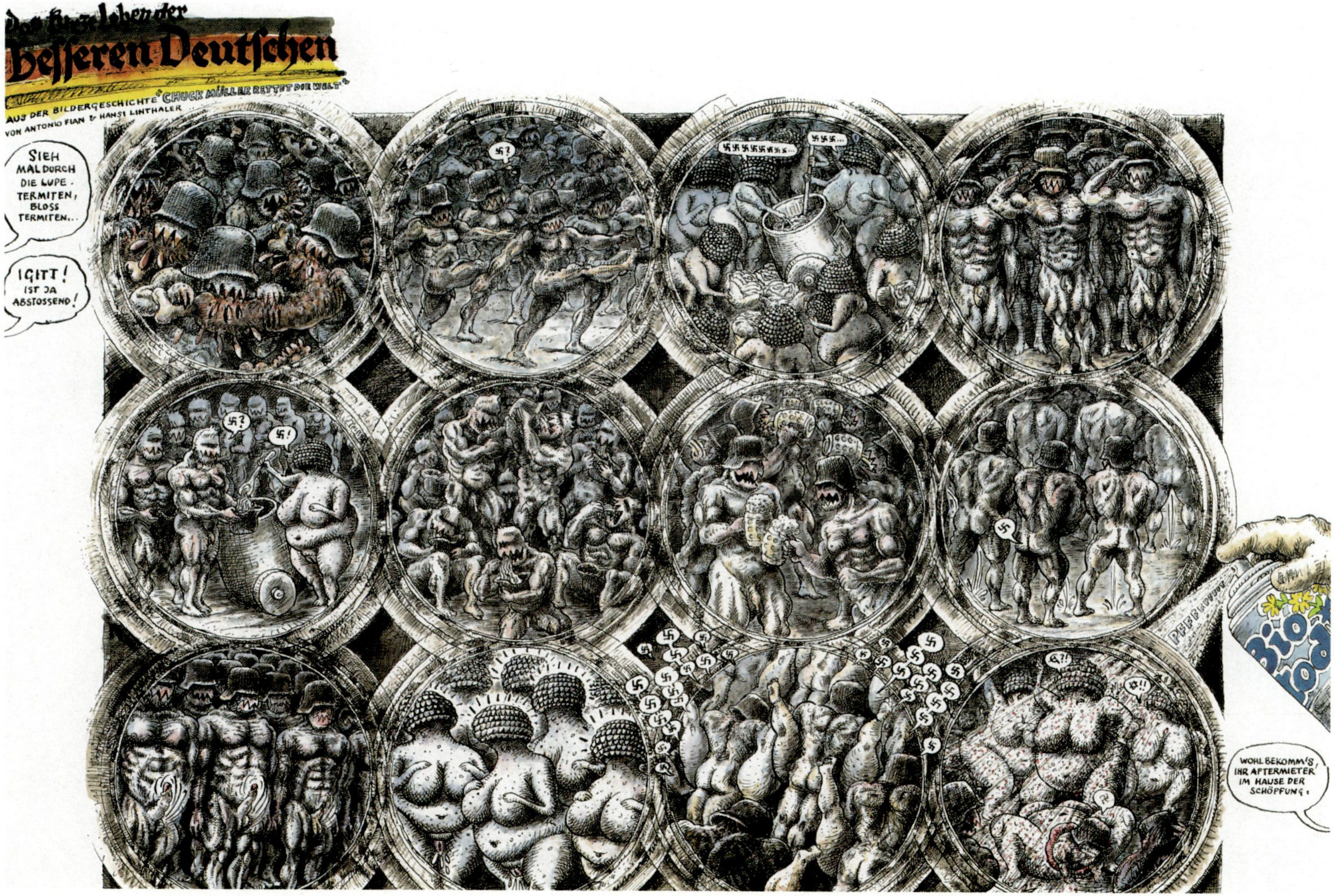
Das kurze Leben der
besseren Deutschen
AUS DER BILDERGESCHICHTE "CHUCK MÜLLER RETTET DIE WELT"
VON ANTONIO FIAN & HANSI LINTHALER
SIEH MAL DURCH DIE LUPE. TERMITEN, BLOSS TERMITEN...
IGITT! IST JA ABSTOSSEND!
WOHL BEKOMM'S, IHR AFTERMIETER IM HAUSE DER SCHÖPFUNG.

Willkommen, liebe Fremde!
Welcome, dear strangers!
Bienvenue en Ländlé!
Benvenuti a Landlino!
Du nix robotij robotij? Daun reijso vodo.
Gezürük wosd herkymst, Kümütürk!
Gézhy, wodar Pfäffar wogsd - odr?
Šleich di hám, Jiři, du Ař!
Habemu kanploz mer in Şiff, kapişcu ??!
I Bootu vollescu!
SCHTENNIS
NATIONALLIGA
Ding Yi
(KLOSTERNEUBURG)
GEGEN
hing Qin
(KUCHL)
HEUTE!

ayonsinspektor
al Tülülük...
A SCHÖNER FREUND UND HELFER! PFUI TEIFL!
PSSST!
...Heurigenpersonal, dem man die Abstammung ansieht...
sangstrio
ie Original
llertaler
uam"

MANFRED DEIX:
FASCHINGSKOSTÜM – VORSCHLAG FÜR JÖRG HAIDER UND FREUNDE

High Noon in Knetlbrunn

FRITZ NUSSBÖCK

Das Gasthaus »Zum heiligen Josef« ist jeden Sonntag vormittag Treffpunkt der Männer zwecks Diskutieren und Kartenspielen. Auf der Tagesordnung steht alles, was die Gemüter bewegt; als Geschäftsordnung gelten die Spielregeln des Bauernschnapsens. Da sitzen nun jeweils vier Männer um einen quadratischen Tisch, ausgerüstet mit französischen Schnapskarten, Kreide und einer kleinen alten Schiefertafel, an der an einem Schnürl ein vergammeltes Schwammerl hängt. Sie bilden eine Kartenrunde, deren Zusammensetzung meist schon in der Kindheit festgelegt wird, und aus der einer nur durch den Tod wieder austreten kann. Eine dieser berühmten und traditionsreichen Runden ist die von Eduard Hofbauer, genannt Ederl, und Karl Hofer gegen Franz Stumm alias Stummerl und Franz Rath.

»Herz!« schallt es durch die düstere Gaststube, und eine andere Stimme antwortet »is g'spritzt«.

Manchmal gesellt sich noch ein gespanntes »kontra« oder »re« dazu, dann sprechen die Karten.

Mit Getöse werden sie auf den Tisch geknallt, und die Spannung läßt erst wieder nach, wenn einer zum Beispiel »danke, genug« ruft. Dann wird dem siegreichen Paar seit grauer Vorzeit entweder ein Einser, Zweier, Dreier, Sechser, Neuner oder Zwölfer gutgeschrieben. Ganz selten entscheidet ein Held auf einen Schlag durch einen Vierundzwanziger das ganze Bummerl. Oft aber plätschert das Spiel nur ruhig dahin wie die defekte Hl. Josef-Klospülung und bietet Gelegenheit zum ausgiebigen Meinungsaustausch.

Die heutige Partie läuft schon eine Weile, und es kristallisiert sich immer mehr heraus, daß Hofbauer und Hofer nicht ihren besten Tag haben.

»Glaubst, bei uns kummt's aa no so weit wia bei de Piefke?« fragt Eduard Hofbauer seine Mitspieler in ruhigem Ton.

»Du gibst«, erwidert Karl Hofer, und gleich darauf : »wos kummt?«

Ederl sammelt die Karten ein, mischt auf eine Art, die jahrzehntelanges Training erahnen läßt, knallt das Kartenpaket Franz Rath zum Abheben hin, der teilt es in zwei Teile und legt das untere Paket oben wieder drauf. Ederl teilt das nächste Spiel aus.

»Nau, mit de Ausländer – geh, Stummerl, schlofst? – ruaf endlich!«

»Karo«, antwortet Franz Stumm, und »weiter«,

»weiter«, »weiter«,»weiter« wiederholen nacheinander die anderen.

Stummerl erkennt am Gesichtsausdruck seines ihm gegenübersitzenden Partners Franz Rath, daß dessen Karten nicht so schlecht sein können, und eröffnet auf gut Glück mit dem Pik-As, alle haben ein Pik und müssen Farbe bekennen. Dann will er mit seinem zweiten Pik die Atout billig herauslocken.

»Und mit de Nazi«, sagt Franz und sticht mit dem Karo-As. Stummerl hatte richtig geraten.

»Nazi, Nazi, wos fia Nazi?« murrt Ederl sauer, da er erkennt, daß dieses Spiel verloren ist.
Aber diese Frage hat sowieso in keinem österreichischen Gastraum etwas verloren und wird mit dem schweigenden Einverständnis aller sofort vom Tisch gewischt.
Da Stummerl noch den Karo-Zehner hat, ist die Runde gelaufen. Franz Rath sammelt den letzten Stich ein und zählt: »Fünfasechzg siebmasechzg - genug - a Dreier bei uns - boid haumma mehr Ausländer ois Östarreicha, du gibst s'nächste Spü!«
Schweigend sammelt Stummerl die Karten ein, mischt, läßt Hofbauer abheben, und teilt mit dem Kommentar »Jo,jo, de Ausländer« wieder aus.
Karl Hofer starrt auf seine drei Karten und erwidert sinnierend »Oba bei uns in Knetlbrunn gibts jo goa kane«, dann verzieht er das Gesicht: »heast, Stummerl, wosch da de Händ, ane auf «.
»Außern Pfarrer«, unterbricht ihn Franz Rath .
Stumm dreht eine von Hofers Karten um und sagt »Genau, der is jo damois oposcht wia de Polakn no Kummaln woan und kane Kerzlschlucker, so wia jetzt, Pik!«
»Na, so scheißliche Karten hob i scho seit hundat Joa net g'hobt«, schreit Ederl erbost, »außerdem, i sog eich ans, i bin aa fia de Freiheit, auf da gaunzn Wöd, oba gaunz gaunz laungsaum, sowos braucht sei Zeit, de Grenz hättn's net gleich oreißn miaßn!«
»Jo, jo, da Pforra is a Polak, zwanzig in de Treff«, beginnt Hofer das Spiel.
»Der kummt eh nur zwamoi in da Wochn, oder waunn wer eigrob'm wird«, beruhigt Franz und donnert mit einem gewaltigen Schlag das Pik-As auf den Tisch, daß die Gläser hüpfen, sammelt den Stich ein und zählt »Öfe, vierzehne, ochtzehne, ochtazwanz'g – oba eigentlich san olle Pfarrer Ausländer, weu de san in Woaheit im Himmö daham – zwanzig in de Herz!« Alle lachen, Ederl und Karl Hofer haben Herz mit, Stummerl sticht mit dem As, spielt anschließend den Pik-Zehner, Rath schmiert, und die beiden notieren schon wieder zu ihren Gunsten einen Dreier auf der Schiefertafel.
»Jetzt is da Himmö aa scho Auslaund«, meint Karl Hofer, »do soi si a Mensch auskenna!«.
»Na, schaut's, des is gaunz aafoch. Ausländer san olle de, de wos aus'n Auslaund kumman und ka Marie haum. De wos a Marie haum, san auf olle Fälle unsere Gäste und kane Ausländer – höchstens Fremde, weu ma's derweu jo no net kennan, net, mia san nämlich a Fremdenverkehrslaund und ka Auslaund!«. Alle schütteln sich vor Lachen. »Ederl,« schreit Franz, »du hättst soin a Politika wean!«
»Jo, oba i tät mit da Pampgan regier'n, wia da Tscharls Bronzn, hoat wia unsa Schülling, wos glaubst, wia i auframa tät, von mir könnt sogoa da Haider no wos lerna!«.
Die Stimmung ist jetzt ausgelassen, das Spiel ruht.
»Na, so a Hetz haum ma 'sletzte Moi g'hobt, wia da Ederl a oides Hutschpferd in sein Hendlstoi g'stöt hot«, sagt Karl Hofer, wischt sich mit dem Handrücken die

Tränen aus den Augen, und ruft gleich darauf »Geh Josef, bring uns no vier Krügerl!« durch die Wirtsstube.
»Jo, jo«, erzählt Franz Rath grölend, »daß de Hendln wos zum spün haum, do kaun er fia de Eier um zwanzig Groschen mehr valaunga, weu's von glickliche Hühner g'legt wuan san.«
»Es Deppm, wos versteht's denn es von Marketing«, erwidert Ederl etwas beleidigt, »wos is, spü ma jetzt Karten oder net?«
»I gib!« antwortet Hofer, und sammelt die Karten ein; das Ritual beginnt von vorne.
Alle außer Ederl kichern noch vor sich hin, Hofer macht den ersten Stich, Stummerl mit Franz die restlichen vier. Rath sammelt die Karten ein, brummt: »A Zwara bei uns«, mischt, legt das Kartenspiel vor Hofer hin und will ihn abheben lassen, der haut aber nur mit der flachen Hand d'rauf und sagt »Do haum's de Deitschn hoit vü anfocher!«
»Mit de glicklich'n Eier?« fragt Franz, während er die Karten austeilt. Aber niemand lacht mehr – der Schmäh ist gelaufen.
»Na, mit de Ausländer«, fährt Stummerl fort. »Erstens haums kan Fremdenvakehr, und zweitens haß'ns alle Müller oder Meier, oba bei uns in da Bude gibts zum Beispü drei Malik - unsan Masta - den Herrn Malik, daun in Hauselektrika - da Maliktschusch, und de Fatma Malik, de Putzfrau, zu der sogt aba ka Mensch Malik, sondern nur Fatima!«
Ederl ruft »Kreuz!« und »Treff schnapst! Hot wer wos dagegn?« Nachdem alle anderen »weiter« gemurmelt haben, spielt er das Kreuz-As aus, schlägt den Vierziger nach und sagt: »Danke, des genügt, a Sechsa bei uns ... gaunz sche kompliziert, wie kennt's eich denn do aus?«
»Nau gaunz afoch«, antwortet ihm Stummerl, »i sog zum Beispü zum Lehrbuam: Geh, suach de Fatima und sog ihr, da Herr Malik loßt ihr ausrichtn, daß in Dreck wegrama soi, den wos da Kawöhund im Kölla g'mocht hot, vastehst?«
Das Spiel geht in die nächste Runde:
»Herz, sogt wer wos aun?«
»Nix, weiter!«
»Wos is g'ruafn?«
»Herz!«
»G'spritzt!«
»Weiter!«
»Net schlecht«, sagt Franz nachdenklich, »Oba wos is, waun wea auruaft?"
»Nau jo, wenn's haßt : Herr Malik, bitte zum Telefon«, fährt Stummerl fort, »waaß jeda, daß da Masta g'mant is!«.
»Kloa – Zwanzig in de Karo!«.
»Und: Malik, Telefon! is da Elektriker.«
»Sechsundfünzig, sechsundsechzig«, zählt Ederl, und »danke!«
»Herst, du Depp, wos schmiast eam so!«
"Wos soi i mochn, i hob nua mea a As, hätt'st g'scheiter ausg'spüt - i gibs nächste", erwidert Stummerl dem Franz, »außerdem, de Fatima is, sovü i mi erinnern kau, no nie aum Telefon valaungt wuan."

»Nau jo, so is hoit des Lebm«, resümiert Ederl.
»Des woa nie aundast«, stellt Hofer fest.
»Aun dem wean mia nix ändern«, brummt Stummerl, und schüttelt resignierend seinen Kopf, mischt, und nachdem Ederl abgehoben hat, teilt er die Karten aus. Alle schweigen.
»Treff, spüt wer wos?« unterbricht Karl Hofer die Stille.
»Net scho wieda Treff, heast Stummerl, du mischt jo scho fost so schlecht wia dei behmischa Großvoda«, braust Franz auf.
»Loß mein Großvoda in Rua und lern liaba Schnopsn«, entrüstet sich Stummerl. Hofer beginnt mit der Hoffnung und dem Karo-As, Franz hat Farbe.
»Pfiat di God Vierzga, ... a Pickerl muaß her«, sagt Ederl, und sticht mit dem Atoutkönig.
»Wos fia a Pickerl?« fragt Stummer, und schmiert zerknirscht den Karo-Zehner.
»Nau fia de Ausländer, zum Beispü a 'A'«, antwortet Ederl und fragt gleich darauf »Hobts vielleich olle a Herz mit?« Er schlägt das Herz-As auf den Tisch, alle haben ein Herz für Ederl, und er macht schon wieder einen Stich.
»Wos es imma mit eichare Pickerl hobt's, aum Oasch eine tätowiean, ... der g'heat mir, Treff is Trumpf!« lacht Franz, und donnert das As auf den Tisch. »Und bei da Grenz miaßn's de Hos'n obelossn!« Alle schütteln sich vor Lachen, Hofer macht die letzten zwei Stiche und einen Zweier. Während sich die Schnapsbrüder immer neue Grenzformalitäten einfallen lassen, spielt Franz einen Gang, und das Team Hofbauer/Hofer hat das Bummerl. Die Spiellaune ist endgültig dem Schmäh gewichen, aber auch der Hunger macht sich schon allgemein bemerkbar.
»I glaub, i wea sche laungsaum geh«, unterbricht Ederl das Gelächter.
»Jo«, schließt sich Hofer an »i moch mi a auf de Sock'n.«
»Guat, daun gemma hoit«, sagt Stummerl.
Sie stehen auf, gehen zur Schank und zahlen ihre Zeche. Bei der Türe ruft Ederl »Wos is Franz?«
»Des woa heit wieda so a Gaudi, i trink no a Achterl – pfiat eich! ... Josef, no a Achterl!«
»Jo,jo, g'miatlich woa's – pfiat di!«
»Servas!«
»Griaß eich, und Moizeit!« verabschieden sich die anderen und verlassen das Gasthaus.
»Nau, Franz«, fragt der Wirt, als er den Wein bringt, »hobt's de Probleme ausdikudiat?«
»Waßt Josef, es is hoit olles so kompliziert«, antwortet ihm Franz redegewandt mit einem Zitat des ehemaligen Bundeskanzlers Fred Sinowatz, das dem des Götz von Berlichingen an Beliebtheit um nichts nachsteht – nicht nur in Knetlbrunn.

Austronautisches Argument

Karli Berger

Flüchtlings-Landler

Reinhart Liebe

Im grünen Alpenlandl
hockt im Champion-Gwandl
Franz da Jogga-bua
vuan Tevau.
Wia d'Kanonan schiaßn,
Leit varreckn miassn,
drunt in Bosnien schaut
ar sie graod ao.

Diese Orschlecha!
Diese Kriagsvabrecha!
Oide Leit und Fraun
tans' bombardiern.
Unmenschlich, so findt ar,
is vua oin, daß Kinda
duat varhungan miassn
und dafrian.

Iangdwia wiad eahm koit -
da Thermostat is z'oit,
denkt da Franz und sempert
aon sei Frau.
Ob s a Cordon-blötscherl
daonn fia's Ländametschal
in da Mikro-Wöjn
eahm maochn kaon?

Sie tuat en Roman weg,
wiarft aom Büjdschiarm an Blick:
Daß ma Kinda sowaos
Böses tuat!
Daonn gehts in de Kuchl
und des Bratngruchl
maocht fia Franz und Co
ojs wiada guat.

Bis da Tür-Gong scheppart.
Wer is denn dao so deppart,
lait zur Fernsehzeit
bei unsra Tiar?
Draußt steht a Frau mit Gschraoppn
bettlt, zagt aufd Pappn -
aolle scho aom Zaohnfleisch
und zaundiarr.

Wundn, Aongst und Hunga
san mit eahna kumma.
Schen Gruaß aus Bosnien -
saogt da Tod.
Franzi tut erblassn
und vua eahnra Naosn
schlaogt a d'Tiar zua und stöhnt:
Oh, mein Gott!

Papa, unsa Lehra,
saogt en Franz sei Vera,
haot gsaogt, daß ma Flüchtling
höifn soj.
Saogt da Franz auf wichtig:
Im Prinzip gaonz richtig -
aoba leida, unsa
Boot is voj!

I muaß brennan, brennan.
Parabolantennan
Autoratn und
Butikkn-Schaojn.
Maiämi ind' Ferien,
frische CD-Serien –
wia kennt i de Flüchtling
no darzaohjn?

Und daonn stöj da vua:
a Bosniakn-Bua
hockt vua dein Video-
Spüj d'gaonze Zeit!
Außerdem, waonns sehn,
wia guats uns tuat gehn,
sterbatns aom End
noch goar vua Neid. TRÜÖLIDIAHO!

Der Hausmeister

ALFRED AIGELSREITER

Sie wollen eine Wohnung mieten? Nau jo, schauns eh recht deutsch aus. Gepflegter Haarschnitt, nicht zu dick, gepflegtes Äußeres, Sie kriagaten sogor bei Euro-Disney a Hocken, ois Goffy.
Wissens, unser Hausherr will nämlich keine Ausländer, der is gegen jede Umvolkung. Net amoi die aus der zweiten Welt, aus dem Osten. Schauns, ich war ja auch für die Reisefreiheit, aber daß die des gleich so schamlos ausnützen und den Eisernen Vorhang dermaßen durchlöchern. Die verstehen ja dauernd die Pannenstreifen auf den Autobahnen, vom Geruch ganz abgesehen. Da, kommens auf die Straßen, schauns Ihnen die Autokennzeichen aun, unser Herr Hausherr sogt immer: Plural und des in der Mehrzahl. PLURAL, haums mi? Polen, Ungarn, Rumänen, Albanier. Nau bei Ihna dauerts etwas länger, obwohl diese Albaner, die Skipetaren san eher in der Minderheit, de san genauso häufig wie ein Geburtenüberschuß im Vatikan. Aber schauns unser Haus aun. Der einzige Exote do herinn ist ein Oberösterreicher. Aber wie heißts schon in der Werbung, mit Schärdinger läßt sichs leben.
Wos brauchen wir diese Ausländer do, de Kaufkraft hot e Schwindsucht bei denen. Daunn stehns mit eanere Spindelölkutschen vorm Kunsthistorischen Musäum, lassen die Motoren rennen und unsere wertvollen Bildersammlungen blatteln ab wie in aner Waschkuchel. Ich wäre schon bei der Einreise rigoroser. A 60seitiges Visum is des minderste, do schreibms daunn 10 Stund draun. Do überlegn sa sie schon de Ausflüge aun der Grenz.
Unlängst hot bei mir aner angläut, wollt a Wohnung mieten, wos soll ich Ihnen sogen. Ein Mohr im Hemd. Hiob i gsogt: DU SCHWARZ! Hot er gmant: Ich weiß. Hob i gsogt, hau di doch noch Traiskirchen oder von mir aus noch Erdberg, mir is nix aunders eigfoin. Wie der Erdberg ghert hot, is er davon. Der hot glaubt, wir woin erm in ana Höhln eiquartiern.
Aber bei uns kummt nix Ausländisches eine. Kein Neufundländer, kein Judenbort in der Grünaunloge.
Da woar einmal ein Herr von der Caritas do, weil unser 4. Stock ist komplett leer. Do hot der Herr Hausherr gsogt, desholb werden wir dort oben auch kein Zeltlager aufstellen. Hat der Caritasjünger gemeint, sein geistiger Plafond sei in Kniehöhe und Ausländerfeindlichkeit sei der Mundgeruch der Seele. Nau mehr hot er net braucht. Der Herr Hausherr hot erm gedroht, er wird erm gleich Mund-zu-Mund-beatmen. Das war je nur ein Denkanstoß, hat der Caritasler gmant, denn kaunnst von mir a haum, mit der Faust, hat der Herr Hausherr gsogt, und obendrein hot er gmant, die Ausländer müssen sich anpassen. Egal, ob Türken oder Zigeiner, diese Sinti oder Roma. Das gilt auch für die Kultur. Z.B. diese Operette, die heißt ja auch nicht »Der Sinti-Baron«. Da hat er schon recht.
Ich hab dem Herrn Hausherrn vorgschlogn, man könnte den 4. Stock vermieten, vielleicht bettweise, oder die Wohnung aufteilen, vielleicht in cm^2. So richtige

Wohnnischen, daß grod a Koffer reinpaßt und a Gasrecheaud. Oder die Wohnungen halbtags vermieten, wäre doch auch lukrativ. Nix nix, hot er gsogt, da kriagt der Herr Sturmbannführer im 2. Stock an Aunfoi. Sie, des is a wüda Hund. Trotz seiner 84 kriagt der jedesmoi an Gachen, waunn erm so a Muftl a Werbesackerl aun de Tia hängt. Denen hot er so maunche Kruckn nochgschmissen. I bring erms daunn wieder zruck. Das ist mein Beitrag zur Aktion »Nachbar in Not«. Und de Werbung trog i erm zum Altpapier. Sie, so ein Altpapiercontainer ist der billigste Intelligenztest der Welt. Sogor an Gummibam hob i schon do drin gfunden.
Eine Geheimprostituierte wohnt auch herinn, die führt bezeichnenderweise ein Nagel-Studio. Aber mit der hob ich mich schon arranschiert. Wann am Ende des Zinses noch etwas Monat übrigbleibt, gleicht sie des immer aus bei mir. Mit rhythmischer Schymnastik. Irgendwaunn is amoi aufgflogn, do san daunn de Kiberer kumman, mitn Abführmittel – oiso mit Handschöllen.
Ich kenn des Haus wie meine Westentasche. Ich weiß, wers mit wem wo treibt, wer sauft und vor allem was, wer der eigenen Tochter nachsteigt, und wer Kind und Kegel birnt. Mir entgeht nix, waunn ich mit meinem Besen durch die Gänge pirsch, denn als Hausmeister hab ich ein eisernes Prinzip: WISCHEN IST MACHT!

traiskirchner weinfest

SIGI MARON

langos füttert bratwürstel mit krautsalat und gsöchtn stelzn. gummi adler dirigiert den ganzen park, der nach ranzigem fett stinkt. rosamunde schenk mir dein herz heute nacht, knarrt es aus knisternden lautsprechern, die in den bäumen hängen. im zertretenen gras paaren sich waldameisen mit kuchenbröseln. django in weißer jacke, lange federn, im mundwinkel lässig die marlboro. junge huren im gelben pulli schnurren, alte huren murren. alle meine busserl gehörn dir.
live im original: die original originalen waldviertler musikanten. ana is immer a kummerl, ana muaß immer valiern. tränen der freundschaft. der original waldviertler chefsänger zuzelt und schüttet sich zur erfrischung ein achtel rotwein in die knickerbockerhose. servietten werden zwischen den fingern zerwuzelt, frische semmeln zerbröselt.

rote, blaue, gelbe, weiße lichter bei schagler, auf dem boden zwischen den bänken. hendlbana, pappendeckl, hundescheiße. Nein, das ist kein banküberfall. freiheit für den gespritzten. tschuidign daß i leb. die aufgedonnerte schlampe aus dem seminarhotel diskutiert mit dem chef der hoteliervereinigung die personalnot im gastgewerbe. mir kriegn kein personal, stöhnt sie, sechstausend netto zahl ich und krieg kane österreicher. schlägt der arsch auch falten, wir bleiben doch die alten.
der schleimige urologe beißt zornig in den luftballon seiner tochter. wos, fünf schilling fürs brunzen, scheißkapitalismus. geh oide schau mi net so teppat aun, heit bin i blau. de hot an oasch wia a eis um fünfhundert schilling.
gestatten is do no frei? na? i setz mi trotzdem dawäu her. fräulein! hom se alkoholfreie getränke? himbeerkonki, almdudler oder mineral, süßmost weiß oder rot?
an almdudler aufgspritzt auf an liter und a runde badwaun, kane pommes frites fräulein, an sturzhelm oder an kinderwogn. vor dreißig johr woar ollas aunders. wer zu spät kommt, den straft das leben. hörst oida host an poscha, dräng di woaunders durch, i vaschütt mein gspritztn, den peckst. a so a ignorant, geht afoch weida. jump up to the fields, hau di in ocker. willst du mir den tag versauen, muss ich dich ind' goschn hauen. suach da a aundre galaxis, du hinterfotziger asylant.

verlosung! die tägliche attraktion, die sensation am weinfest: mama schau owa i bins der adi. kosten und gewinnen sie unsere spitzenweine. wer heute nicht gewinnt, gewinnt bei der schlußverlosung kommenden samstag oder nie:
eine sechstagereise nach paris, wen wird denn da der papa mitnehmen? kunststoffenster im wert von tausend schilling. der bekannte spitzenfußballer, unser gerhard, der löwe von afrika, geht noch spanien. wirst eana de wadln vivi richten, in madrid dem weißen ballett, wos gerry?, wir sind stolz auf dich! schütterer applaus, hände anderweitig beschäftigt. ist die technik noch so weit, handarbeit bleibt handarbeit.

eine woche schiurlaub in st. margareten am moos. kleiner scherz für geographieunkundige. eine bohrmaschine für den geschickten homeworker.
unsere zwei glücksengerln, für jeden zum dank eine original blaschke kokoskuppel, werden jetzt aus diesem korb ... das knistern der lautsprecher übertönt den rest.
die putzerei gabl, das service mit herz, spendet einen gutschein im wert von einhundert schilling, eva jetzt greif einmal ganz tief hinein.
loß schaun eva, gewinner ist hassan ... na den rest kaun i net lesen, mußt schön schreiben hassan und no wos, do is er, host an ausweis, der schaut wenigstens genauso aus wie auf sein paßbüdl. gfrei di hassan, kaunst um an hunderter wos putzen lossen.
der nächste gewinn: ein wochenabo der NÖN, die zeitung mit dem letzten stand und dem fatalen durchblick, jaquelin wiesbauer ist die glückliche gewinnerin, so jung und derf schon lesen.
ein gutschein des optikerfachgeschäfts philipp, sie brauchen ka brilln owa hörn tuns schlecht, vielleicht könnens erm umtauschen. ein halbes backhenderl von der firma haus und brunner, salmonellenfrei, maki mekva, schon wieder wos ausländisches, owa richtig schreiben kann er wenigstens. schön die bana abnagen, maki, ja?, und nicht dem hund geben.
zwei flaschen wein vom weinbau rudolf kauz, de gengan an herrn heinz malikowsky in baden, traiskirchner spitzenwein, herr malikowsky, und noch einmal zwei flaschen spitzenwein für, zag her eva, herrn werner hrdina, aus tribuswinkel, gratuliere. ein hoch auf den weinbauverein.
der herr dort mit dem lustigen korbhut is unser old mac staberl, bekannt für seine süßen spieße, greifts zu leutln, heut schau ma net aufs gwicht, speibn könnts später.
hier sind sie wieder: die original waldviertler musikanten. mir raubt nix mei rua, owa greblt muaß er sein. jetzt trink ma no a flascherl wein, a spätlese und ein prosit auf die gemütlichkeit, meide den kummer, kinder so jung kumm ma nimma mehr zsaum, du bist die rose vom wörthersee kurz vor mitternacht und danach?
der freizeitdichter und teilzeitwichser der stadtzeitung erobert schwankend die bühne, greift sich ein mikrofon: perlwein, warzenschwein, laßt uns wieder deutsche sein. dann fällt er rückwärts in das schlagzeug, worauf er mit einer gewaltigen original waldviertler faustwatschn von der bühne entfernt wird.

im dichten gebüsch neben dem altersheim versucht ein besoffener schmissenträger der burschenschaft badenia, seine nicht weniger besoffene begleiterin im stehen zu vögeln. owa der steht jo net, owa der steht jo net, lacht sie immer wieder schrill auf, waun di heut a gössn sticht, nemans ihr den flugschein weg.
zwei junge, ausgesprochen schöne gendarmeriebeamte prügeln sich mit einer gruppe skinheads. die skinheads drängen zu den standln, an denen türken und tamilen vom ledergürtel bis zur hongkong-digitaluhr, alles mögliche anbieten. ausländer raus. neger noch afrika. rotweintrinker nach sibirien.

ilhan räumt seine t-shirts und andere kostbarkeiten in den abgewetzten koffer, klappt den tapezierertisch zusammen und entkommt.
einige österreichische hunde wollen gleichzeitig eine mischung aus dackel und hirtenhund, weiblich, aber eindeutig ausländischer herkunft, besteigen. die mischung entkommt.
besoffene waldameisen streiten sich um die reste einer verkohlten bratwurst.
traiskirchen bleibt wie es ist.

United Colors of FPÖ

DIETER ZEHENTMAYR

Projekt: Ausländer draußen

MANFRED CHOBOT

(Eigenbericht.) Dem allgemeinen Bedürfnis hat die Bundesregierung Rechnung getragen und einer ausländischen Unterwanderung unseres Landes Einhalt geboten: Mit sofortiger Wirkung ist es verboten, ein japanisches Auto zu fahren, südostasiatische Fernsehgeräte oder Fotoapparate zu benützen, englische Stoffe oder Schweizer Uhren zu tragen, griechische Oliven, nikaraguanische Bananen, italienische Nudeln oder holländischen Käse zu essen, französische Weine oder Pilsener Bier zu konsumieren. Statt französischer Parfums sind allein einheimische Düfte, wie Waldmeister und Landluft, zugelassen. Anstelle von arabischem Benzin wurden die Autos auf Kartoffel- und Getreidebrennstoff umgestellt. Die aufgetretenen Versorgungsengpässe nahm die national gesinnte Bevölkerung gelassen hin. Sämtliche Pizzerias, chinesische und griechische Lokale wurden in Sauerkraut- und Knödelhütten oder Bierbuden umgewandelt. Die Loden- und Trachtenmode feiert ihre nationale Auferstehung. Jogging ist untersagt, man läuft wieder. Und das in zünftigen Bergschuhen und Waldjankern.
Dazu einer von zahlreichen Briefen aufrechter Leser, die unsere Redaktion erreichten:
Lieber Jörgl! Unsere Uhren gehen jetzt anders. Dafür gebührt Dir mein deutscher Dank. Endlich sind wir unter uns. Mein Arbeitsplatz ist nun gesichert: Ich bin Kellner in einer unserer Sauerkraut- und Knödelhütten. Bei uns gibt es Hamburger, Berliner, Frankfurter, aber auch schwäbische Klöße. Meine Bezahlung ist zwar nicht mehr so hoch wie früher, dafür nimmt mir kein Ausländer mehr meine Stellung weg. Statt zu arbeiten haben diese Kerle nichts anderes im Kopf, als Kinder zu machen, da kommt unsereins nicht mit. Ich habe ja nichts gegen Ausländer, aber sollen sie doch im Ausland bleiben, wohin sie gehören. Wenn ich einem Ausländer begegnen möchte, reise ich ins Ausland. Das kann ich mir jetzt zwar nicht mehr leisten, wegen der Bezahlung und weil ich keine Zeit habe, denn während der Saison arbeite ich rund um die Uhr, aber ich habe ohnehin kein Verlangen, diesen Subjekten zu begegnen. Früher war die U-Bahn voll von diesem widerlichen Ausländergestank. Alle Ausländer hatten Schweißfüße und Mundgeruch. Hast Du jetzt schon einmal erlebt, daß es in einem überfüllten U-Bahnwaggon stinkt? Bloß das deutsche Wild schweißt. Wir Einheimischen schwitzen nicht – und wenn, dann sondern wir Bierdunst ab.
Mein Bierbruder hat auch einen neuen Posten, er ist jetzt fliegender Zeitungshändler. Bei jedem Wetter stellt er seinen Mann. Wenn die Ampel rot leuchtet, verkauft er seine Zeitungen. Das Rot stört ihn zwar, wie er mir gestanden hat, denn es erinnert ihn an frühere Zeiten. Auch das Grün irritiert ihn. Er meint, man sollte die Verkehrsampeln auf braun und schwarz umstellen. Oder vielleicht braun und blau. In unserer Organisation haben wir diskutiert, ob braun für »Halt« stehen sollte oder besser blau. Was hältst Du davon? Einige von der Sport-

gruppe meinen, man sollte »Freie Fahrt« überhaupt ausmerzen. Ich bin dagegen, denn dann müßten wir auch die Partei umbenennen.
Lieber Jörgl, da gibt es noch ein Problem. Seit die Ausländer draußen sind, ist unseren Jungen langweilig. Wohin mit ihrer Energie, den Fäusten und Schlagringen? Zur Untätigkeit verurteilt, hocken sie rum und stänkern unsereins an. Das haben wir nicht verdient, dafür haben wir nicht gekämpft. Sollten wir ihnen nicht ein paar Ausländer zum Spielen besorgen? Aber Du weißt gewiß den rechten Rat. Tee trinken, sage ich zu den Jungs, aber sie erwidern, daß der Tee aus Indien oder Ceylon komme. Woher der Tee kommt, weiß ich nicht, denn ich trinke lieber Pils oder Kaffee.
Dein deutscher Michel Globasnig

Der nützliche Türk'

THOMAS MAURER

Die Integration jener Ausländer,
die tatsächlich Nützliches leisten,
stößt erfahrungsgemäß auf keine
größeren Probleme

ERICH EIBL: HORCH, WAS KOMMT VON UNTEN HOCH

STUART MATTHEWS: DEUTSCHE MUTTER, UMVOLKUNGSGEFÄHRDET

LIDOVÉ NOVIN
OF
FREE CZECHOSLOVAKIA FROM THE LIKES OF YOU

Mir Weana san a Mischkulanz

FRITZ SCHINDLECKER, MUSIK: H. EMMERSBERGER / TH. HOJSA

Mein Ur-Opa, der woa aus Brünn
meine Ur-Oma aus Waraschdin
Die Frau, die mein Opa verehrte
war aus Graz und somit a Gscherte.
Mei Papa, der is a Krowod
der im Burgenland 's Vaterhaus hot
wer sich auskennt bei uns, der kneißt gschwind
I bin hoit a echt's Weanakind!

Weu:
Mir Weana san a Mischkulanz
dazu stehma und zwoa voi und ganz
Und tuat ana gegen d'Ausländer schrein
jo daun kauna, jo daun kauna
ka echter Weaner sein.

Unser Gulasch is aus Szegedin
nur de Frankfurter, de san aus Wien.
Der Heirige, bitte, is römisch
und des Powidltatschgerl is böhmisch
Uns're Sprache, die staummt aus Paris
wer's net glaubt, is ein Noa, das ist g'wiß
Trottoa, Lawoa und Plafon
bitte schön, na da hört mans ja schon!

Ja,
Mir Weana san a Mischkulanz
dazu stehma und zwoa voi und ganz
Und tuat ana gegen d'Ausländer schrein
jo daun kauna, jo daun kauna
ka echter Weaner sein.

Jetzt sog ich was ganz was Infam's:
der Beethoven und auch der Brahms
Die Wiener Musikanten
war'n vielfach Asylanten
Und drum samma zu d'Ausländer nett
sammas net, bitte, daun warma bled.
Weil in Zukunft san er oder sie
vielleicht a typisches Wiener Genie.

Grenzverkehr

HELMUT KORHERR

Das Ganze hat sich erst vor kurzem abgespielt. Nahe der tschechischen Grenze liegt ein Weinviertler Dorfwirtshaus. Unter der Woche war dort nicht viel los. Die Leute aßen daheim, tranken ihren eigenen Wein.
Aber am Sonntag ging es immer drunter und drüber. Da kamen Gäste vom Ort und aus dem näheren Umkreis. Die Wirtin hatte in der Küche alle Hände voll zu tun. Der Wirt stand an der Schank und hinkte den Bestellungen hinterher. Die Tochter des Hauses servierte und konnte sich die Beschwerden über die lange Wartezeit anhören. Dabei waren die Gäste gar nicht sehr ungeduldig. Nur: Was zuviel ist, ist zuviel. Ein Vorstandsmitglied der Ortsfeuerwehr drohte an, die kommende Jubiläumsfeier woanders zu machen. Ein Bauer wollte den bevorstehenden Totenschmaus in einem anderen Gasthof abhalten. Der Wirt geriet noch mehr ins Schwitzen. »Was soll ich machen, ich hab auch bloß zwei Hände!« Trotzdem stieg der Unmut. Der Wirt ging in den Angriff: »Ich habe halt keine Abnahmegarantie für meine Produkte. Ich werd nicht dafür bezahlt, daß ich ein Feld nicht bebaue!«
Natürlich war dem Gasthausbesitzer klar, daß sich in der heutigen Zeit nur ein Familienbetrieb rentierte. Es war eben eine unbestreitbare Tatsache, daß das Geschäft nicht so viel trug, daß ein Kellner angestellt werden konnte. Die Söhne waren überdies die größte Enttäuschung seines Lebens: Einer war Schiffskoch geworden, der andere arbeitete in einem Nobelhotel in Salzburg.
Endlich war der Sonntagsrummel vorbei. Vater und Tochter sprachen über den morgigen Ruhetag. Die Tochter wollte unbedingt daheim bleiben, sich ausruhen. Der Vater wollte in die Tschechoslowakei essen fahren, sich auch einmal bedienen lassen. »Du kennst dich doch dort aus«, bedrängte er sein Kind, »Du bist ja schon oft drüben gewesen.«
Nun, am nächsten Vormittag ward aufgebrochen. Die Tochter lenkte das Auto, der Vater saß daneben und hielt Vorträge. Die Mutter hockte im Fond und sagte alleweil bloß: »Ja, Papa!«
Der Patriarch ließ sich gewohnheitsmäßig über die »falschen Behm« aus – ohnedies waren für ihn sämtliche ehemaligen Ostblockbewohner faul und langsam beim Arbeiten.
Bald nach der Grenze meldete sich der Hunger. Ein Hinweisschild tauchte auf. »Restaurace« stand drauf – dann noch ein gerader Pfeil mit der Entfernungsangabe: 700 m.
Die Tochter riet von einer Einkehr ab, da ihr das Lokal unbekannt war. Der Vater lachte kurz auf. »Man muß Mut zum Risiko haben, mein Kind!«
Die Gaststätte war stark von Niederösterreichern frequentiert. Der Vater bemerkte zu seinem Mißvergnügen einen früheren Stammgast. Doch der Kellner heiterte ihn wieder auf. Der war ein As! Er hatte alles auf seine charmante Art im Griff und sprach perfekt Deutsch. Der Weinviertler Wirt freute sich über seinen guten Riecher - und über die niedrigen Preise.

An einem Nebentisch zündeten sich österreichische Jugendliche mit einem Kronenschein die Zigaretten an. Der Vater warf sie kurzerhand hinaus, als wäre er in seinem eigenen Haus.
Die Tochter drängte zum Aufbruch, sie wollte noch Sehenswürdigkeiten herzeigen. Das Familienoberhaupt weigerte sich, und die Mutter sagte ihr »Ja, Papa«.
Der Papa bestellte frisches Bier, er wurde leutselig. Das Lokal leerte sich. Der Vater lud den Kellner an seinen Tisch. Es dauerte nicht lange, und es wurde Bruderschaft getrunken. Milan hieß der Ober. Er wurde schließlich eingeladen – er sollte sich einmal das Super-Restaurant im westlichen Weinviertler Stil ansehen.
Und am nächsten Sonntag kam der Kellner tatsächlich. Der Vater konnte seiner Frau gerade noch zuflüstern: »Paß auf, daß er nichts mitgehen läßt.«
Ein Mordsbetrieb herrschte wieder. Milan wurde zum rettenden Engel. Er bediente flink und freundlich. Alle waren zufrieden.
Nach getaner Arbeit wollte ihm der Vater Geld geben. Aber der tschechische Ober wies es zurück. Schließlich waren sie ja »Du-Freunde«. Der Wirt fragte dann so nebenbei, ob Milan gebunden sei. Milan antwortete, daß er der geborene Junggeselle sei. »Geboren sein wir alle als Junggesellen«, meinte der Vater, »aber es ist nicht gut, wenn der Mensch alleine bleibt!«
In der Folge konnte er es sich nicht verkneifen, die Vorzüge seiner Tochter anzupreisen. Milan lächelte höflich, reiste ab, ohne sich zu diesem Thema geäußert zu haben. Vielleicht waren seine Deutschkenntnisse doch nicht so gut?
In der nächsten Zeit redete der Vater viel über den heiligen Ehestand. Sein Kind hatte dazu stets nur die eine Antwort: »Ich bin noch zu jung zum Heiraten!«
Damit brachte sie ihren unduldsamen Erzeuger auf die Palme. »Mit Sechsundzwanzig zu jung?!! Paß lieber auf, daß du keine alte Jungfer wirst! Denk an die Anna-Tant, die arme Haut!!!«
Danach lenkte der Papa das Gespräch auf den Milan. Jetzt wurde es der Tochter zu dreist: Ich werde mich nicht für den Betrieb opfern, daß du's nur weißt! Und außerdem hast du mir schon als Mädel eingeschärft, daß ich keinen nehmen darf, der nichts hat und der nichts ist!«
Da warf sich der Haustyrann in die Brust und verkündete: »Er hat ja bald was! Wennst ihn nimmst, überschreib ich euch das Wirtshaus.«
»Das sagst nur so, Vaterl!«
»Nein. Das kannst von mir aus schriftlich haben. Gleich gehn wir zum Notar!«
Nun ja, der Vater hielt Wort, und der Milan erhielt die Hand der Wirtstochter.
Die Zaungäste vor der Dorfkirche bekamen ein seltsames Schauspiel vorgeführt. Mit versteinerten, ernsten Mienen schritt das Brautpaar hinein – mit lachenden Gesichtern kam es aus dem Gotteshaus heraus. Vor aller Augen gaben die Frischvermählten einander einen langen, langen, innigen Kuß. Die Brautmutter blickte verschämt zu Boden, auch dem Vater wurde es langsam peinlich. »Na sowas, so schnell ist euch die Liebe eing'schossen?« Da strahlte die glückliche Braut. »Wir kennen uns doch schon über ein Jahr! Aber bei deinem Widerspruchsgeist heißt's schlau sein!«
Der Wirt schaute verdutzt, dann kam es erstaunt von seinen Lippen: »Also, ich hab doch keinen Widerspruchsgeist ...!«

Ballade von der Dritten Welt in unserem »eignen« Land.

ROLF SCHWENDTER

1) Ausländ'sche Arbeitnehmer warn zum Malochen hergeholt.
Die etablierte Politik hat sie schon oft verkohlt.
Zehn Stück in einem Zimmer schlafen, im Stockbett an der Wand,
zu überhöhten Mieten auch noch, es ist eine Schand!
Und manch Mitbürger schreit, so laut er kann:
»Ausländer raus – Der Türk hat seine Schuldigkeit getan.«

Refrain:
Und wer mir das erzählt,
der/die hat es längst erkannt:
Es ist die Dritte Welt
in unserm "eignen" Land.

2) Die Mütter mit den Kindern, manchmal sind es mehr als vier,
sitzen in der Schlichtbausiedlung, die Männer trinken Bier.
Im Dreieck zwischen Müllplatz, Eisenbahn und Kläranlag,
da sitzen sie und wissen: Es kommt kein bessrer Tag.
Und manch Mitbürger, der das weiß, zieht die Unterlippe schmal:
»Die verdienen's besser nicht, denn die sind asozial.«

3) Die Männer auf dem Königsplatz, die meisten sonnverbrannt,
die halten ihre Doppelliterflasche in der Hand.
In ihren Plastiktüten ist das Hab und Gut verstaut,
die Arbeit lief beschissen, und die Ehe war versaut.
Und manch Mitbürger sagt zum nächsten: »Ach, ich sage Dir,
das sind bloß Alkoholiker – komm, gehn wir auf ein Bier.«

4) Einer, an den ich denke, war schon in der Schule schlecht.
Die Arbeit lief zu langsam, das war dem Chef nicht recht.
Auch bei seinen Umschulungen kam nix besonderes raus,
heut fühlt er sich als minder, und geht kaum noch aus dem Haus.
Und manch Mitbürger naserümpfend gibt ihm seinen Trost:
»Na klar, wer keine Leistung bringt, fällt bei uns durch den Rost.«

5) Auch gibt es viele Menschen, die haben lange funktioniert,
dann kam ein schwerer Unfall, der hat sie malträtiert.
Nun sitzen sie im Rollstuhl und kommen nicht mehr dran,
können in wenig Häuser und in keine Straßenbahn.

Und manch Mitbürger dünkt sich zu der Rede nicht zu fein:
»Was muß ich so viel Krüppel sehn, ach, steckt sie in ein Heim.«

6) Die Frau in ihrer Jugend von der Ehe war berauscht;
der Mann auch, doch er hat sie gegen eine andre ausgetauscht.
Eines Tags wird sie berentet, der Mann hat selbst nicht viel,
da sitzt sie nun und kaut nur an dem Kochlöffelstiel.
Und manch Mitbürger meint, so ziemlich ohne Scham:
»Laßt mich doch in Ruhe mit dem Emanzenkram.«

7) Ich fuhr mit dem Interregio von Kassel nach Frankfurt/Main.
Die halbe Strecke stand ich – da stand ich nicht allein.
Da spürte ich Herrn Zimmermanns Amortisation:
Die »neue Bahn« ist eher ein alter Viehwaggon.
Und manch Mitbürger ist von solcher Rede eher platt:
»Na also, wenn bei uns jemand nicht einmal ein Auto hat ...«

8) Wer noch eine Wohnung haben zu wollen ist so kühn,
der/die muß oft in Schlafstädte, in Betonsilos ziehn.
Das sind dann teure Ställe mit Gängen ohne End!
Die Zeichen an der Wand bedauern, daß Beton nicht brennt.
Und manch Mitbürger sich als Saubermann was traut:
»Was haben die Leute, da ist doch eine Dusche eingebaut.«

9) Andre Leute haben ihre Nachbarn laut gestört,
waren traurig und gespalten, haben Stimmen einst gehört.
Nach ihrer Entlassung läßt die Arbeitswelt sie stehn,
sie wählen zwischen Schräubchen zählen oder Däumchen drehn.
Und manch Mitbürger wird mir das sicher nicht abkaufen:
"Warum laßt Ihr sie schließlich auch aus dem Irrenhaus entlaufen."

10) Aus Eritrea und Sri Lanka, bitten sie hier um Asyl.
Umgehend werden sie eingepfercht, zwecks des richtigen Gefühls.
Vom ersten Tag des Aufenthalts erfahren sie nur Druck.
Die Justiz, sie oszilliert zwischen Duldung und Hauruck.
Und manch Mitbürger dekretiert, selbst in hoher Position:
»Ach, Folter, das ist doch kein Grund für eine Fluchtaktion.«

11) Das sind nicht Einzelfälle, das wäre viel zu schön.
Es sind schon 6 Millionen, und manche sagen: zehn.
Die deutsch-deutsche Entwicklung hält viele in ihrem Bann.
Leicht möglich, daß die Armutszahl sich bald verdoppeln kann.
Und manch Mitbürger ausnahmsweise zornesrot erbebt:
»Die BILD-Zeitung schreibt: Hauptsache, daß Deutschland wieder lebt.«

WASTL

Wiener Alphabetisches Standardwörterlexikon
1. Folge: A1 – Z1

ERICH DEMMER

A wie AN ASCHEN
Alles ist Schall und Rauch, von Vergangenheit und Tod (siehe Z) umschlungen, weiß der Wiener. Den lieben Augustin gibt es nicht mehr (außer als Faschingsorden für ausländische und inländische Politschranzen und sonstige Idioten), und selbst die legendäre Pestgrube, ist nicht mehr identifizierbar (Fachforscher vermuten sie in der Döblinger Muthgasse, wo feine Nasen einen unerträglichen Gestank orten). Eine schöne Leich' ist im Selbstmordzentrum Wien noch immer wichtig, und der dafür eifrig sorgende »Wiener Verein« auch ein profitabler Exportartikel. Wenn der Wiener aber schon ins Angesicht des Knochenmannes blickt, will er wenigstens bei allen Vorfällen und Veranstaltungen adabei sein. Ob auf dem Heldenplatz (mit wechselnden Stargästen) oder auf der Papstwiese bei der Donauinsel – der Wiener strömt in Scharen herbei. Am liebsten aber sind ihm Gratisveranstaltungen – und so werden auch kulturelle Termine wahrgenommen, vorausgesetzt, es gibt ein Gratisbuffet. Unter dem Motto: Ansehen kostet nichts – darum kann man es auch leichten Herzens verlieren.

B wie BUMMERL
Eine rasch vom Heurigenlied zur Volksweisheit aufgestiegene Weise postuliert, daß es einer immer hat, das B. Es ist das als negativ empfundene Ergebnis eines hierorts sehr beliebten Intelligenzspieles, das zum Volkssport geworden ist: das Bauernschnapsen. Es findet häufig in Beisln statt, als Siegesprämie winken Bier und Brünnerstraßler, in seltenen Fällen Backhendeln. Beträchtliche Betrunkenheit wird dabei nicht als störend empfunden. Alle Blöden, alle Bladen und sonstige Zukurzgekommene – also eine qualifizierte Mehrheit – finden in diesem Merksatz Trost. Denn fast nach jedem B. werden die Karten neu gemischt.

C wie CHRISTKINDL
Unter C. versteht man eine nicht ganz gelungene Version des Wieners. Es ist klein, hager (»Krischpindel«) und nicht sehr lebenstüchtig, weil es auch geistig nicht ganz auf der Höhe ist. Es wird zu kleineren Hilfsdiensten herangezogen und dient in froher Runde als Zielscheibe gutmütigen Spottes, wodurch ihm ein Gefühl der Nützlichkeit vermittelt wird. Allgemein wird es als Produkt der launischen Mutter Natur und als Übergangsstadium vom Wiener zu in- (siehe N) und ausländischen (siehe X) Nichtwienern angesehen. Alljährlich gibt es in der Vorweihnachtszeit (die bald nach dem Ende der Sommerferien beginnen wird) auf dem Rathausplatz den sogenannten C.markt. Dort kaufen alle C. zu überhöhten Preisen die Nikolofiguren, die vom Vorjahr übergeblieben sind.

D wie DONAU

Der Wiener hat dieses zufällig des Weges kommende Gewässer quasi monopolisiert, um zu verschleiern, daß ihn in dieser Hinsicht nichts von einem Passauer, Tullner, Hainburger, Budapester oder Belgrader unterscheidet. Erhebt etwa das brave Linz ein solches Donnergeschrei wegen seiner natürlichen Lage? Durch massive Kulturpropaganda wurde weltweit die Meinung verbreitet, diese Halb- (und nach Wien Dreiviertel-) Kloake sei »so blau«, daß alle Menschen als Touristen einmal vorbeischauen müßten. Als ob eine D. nicht schon mehr als genug wäre, gibt es noch eine »Alte D.«, eine »Neue D.« und einen »D.kanal«. Typischer für Wien ist allerdings ein regulierter Bach namens »Wien«, der sich alle paar Jahre kurzzeitig durch Hochwasserführung als Halbstarker geriert und dafür mit Euphemismen wie »Wienfluß« belohnt wird. Bezeichnenderweise ist derzeit auf Plakaten eine Klomuschel zu sehen mit dem Text »Die D. beginnt hier«.

E wie EXTRAWURST

Dem Wiener ist alles wurscht bis auf die E.: Auf die hat er seiner Überzeugung nach ein verbrieftes Anrecht. Ob ein Schleichweg bei der Behörde, in der Warteschlange im Supermarkt, der Bezug einer Gemeindewohnung, bei der Bestellung in einem Lokal, auf dem Schlachtfeld des Straßenverkehrs: Immer hat der Wiener Vorrang zu haben. Aus diesem einleuchtenden Grund belagert er in den U-Bahn-Stationen die Türen der soeben zum Stillstand gekommenen Zugsgarnitur, sodaß die Ausstiegswilligen keine Chance zum Verlassen des Waggons haben. Das ist deren Problem – ER hat ein Recht auf seinen Sitzplatz, und den will er einnehmen. Er steigt ja eh in der nächsten Station aus.

F wie FREMDENVERKEHR

Wichtiger Bilanzfaktor und daher oberste Maxime des politischen Handelns. Da bei der Werbung im Ausland noch immer Lipizzaner, Sängerknaben, Habsburger, Schloß Schönbrunn und ähnliches beworben werden, kennen die Ausländer vor allem diese Wiener Sehenswürdigkeiten, was dazu führt, daß der alte Mist werbemäßig wieder aufgewärmt wird und als prestigeträchtiges Kulturgut sakrosankt gestellt wird. Heutiges Kulturleben hat es schwer, dagegen anzukämpfen, weil es ja nur die Wiener und intelligente, also jüngere und weniger zahlungskräftige Wienbesucher interessiert. Der F. ist eine heilige Kuh und dient als Argument in jeder Diskussion. Und so vermittelt die F.-Werbung den Eindruck: Über Wien lacht die Sonne. Nicht nur.

G wie GSCHAFTLHUBER

Blinder Aktionismus bei gleichzeitiger Untätigkeit ist dem Wiener als Handlungsmaxime eingeboren. Hans Moser hat diesen Typus innerhalb der Wiener Stadtgrenzen unsterblich gemacht, durch die beharrliche Wieder-Wiederholung seiner Filme im deutschen Privatfernsehen hat er sich im ganzen Sprachraum eingewurzelt. Obwohl objektiv ein bedeutungsloser Spießbürger, fühlt sich der G., der geistige Amtskappelträger, als geborener Schlichter jeden Streites, Löser jeden Problems und Retter der Welt, die auf sein Kommando hört. Beliebt ist auch die danubische Dreierkombination: Da belegt der G. vordere Plätze in den Disziplinen Partei, Gewerkschaft/Wirtschaftsbund, Sozialversicherung/ORF. Wenn er nicht in Nebengedanken in eine Gewerkschaftskasse greift, ist dem G. ein prunkvolles Staatsbegräbnis (siehe Z) sicher.

H wie HEILIGENSTADT

Das ist nicht nur ein Teil des 19. Wiener Gemeindebezirkes. Nein, die ganze Stadt hat diesen Status. Hierher kommen die Engerln auf Urlaub, nicht nur Deutsche, Italiener und Japaner; und selbst der Herrgott wird flugs eingemeindet. Hofräte und Hausmeister, Haberer und Hallodris sehen daher dem Herzkasperl beim Heurigen oder bei einer Haaßen gelassen entgegen: Ihnen kann nichts passieren. Allerdings drückt der Heiligenschein und führt zu Kopfweh. Da bleibt der Wiener dann zu Hause, vor allem am Freitag und am Montag. Von dieser Hohen Warte her schaut der Wiener verständnisvoll auf die partielle Unvollkommenheit der alten Sünder. Seine Heimat ist nicht die Hölle, sondern der Himmelhof.

I wie IDIPFALREIDA

Mittelalterliche Theologen disputierten, wieviele Engel auf eine Speerspitze gehen. Diese Frage konnte nicht einstimmig geklärt werden. Sicher ist aber, daß der Wiener auf einem I-Punkt Platz hat und auf diesem sogar reitet. Das meint: Der Wiener ist hart, aber gerecht. Peinlich genau eben, wenn es andere betrifft (geht es um ihn selbst: siehe E). Da läuft der Wiener zur Höchstform auf, daß einem Preußen schwindlig wird. Beliebtester Ort dieser Tätigkeit ist das Bezirksgericht, in dem alle Einzelheiten eines Bassenastreites bis in die letzte Instanz verhandelt werden. So betätigt sich der Wiener auch im Freundeskreis als Medienkritiker: Mißbilligend mustert er die Krawatten der TV-Sprecher, und verabschiedet sich der Moderator nicht speziell von ihm, bombardiert er wutentbrannt die ORF-Beschwerdestelle.

J wie JAMMER

Der Wiener weiß Bescheid über die Unvollkommenheit der Welt (siehe A). Als fast allwissender Zaungast des Geschehens schmerzt ihn die persönliche Ohnmacht, alles verbessern zu können, ohne wirklich tätig werden zu müssen oder zu dürfen. Die Zusammensetzung des Fußball-Nationalteams, die Staus im Stoßverkehr, die Verwahrlosung der Jugend – für alles hätte er ein Rezept (meist: das Virerichten der Wadeln). So aber bleibt ihm nur der allgemeine Stoßseufzer der Erkenntnis: Es ist alles ein J. Mit dem Aufzeigen und Besprechen (siehe R) dieser Situation kann sich der Wiener zufriedengeben und Wichtigerem zuwenden. Nämlich dem kollektiven Singen des Liedes »Da kann man nix machen, was liegt scho dran«.

K wie KRONE

Zwar hält sich der Wiener für die Krone der Schöpfung, ist aber zu einem großen Teil eine Schöpfung der Krone. Dabei ist weniger die Kopfbedeckung einer einst mächtigen Familie gemeint, deren jüngster Sproß derzeit als TV-Quizmaster dilettiert. Auch nicht das frühere Zahlungsmittel, das ja wenigstens etwas wert gewesen ist. Hier ist von einer Zeitung die Rede, deren Gemeinheit und also maximale Verbreitung in Europa ihresgleichen sucht. In immer wiederkehrenden Kampagnen füttert sie den inneren Schweinehund des Lesers mit Juden-, Sozialschmarotzer- und Ausländer-Serien. Nichts und niemand ist vor ihren Insultierungen sicher: Mißfällt ihr ein Theaterstück, wird Wien mit Plakaten zugekleistert, auf denen das Burgtheater in Flammen steht (siehe T). Obschon ansonsten reinlich, nehmen die Wiener diesen Unrat häufig in die Hand, ohne sich zu schämen. Vor allem am Sonntag. Da haben sie Schillere Satz aus dem »Fiesko« als Motto verinnerlicht: »Es ist namenlos groß, eine Krone zu stehlen.«

L wie LIPIZZANER

Der L. kommt aus Slowenien, wird spanisch erzogen und gilt deswegen als echter Wiener. Er würde jede Wahl zum Bundespräsidenten gewinnen (weswegen Kandidaten mit einem Pferdegebiß einen Startvorteil haben), auch gegen Sachertorte, Riesenrad und Sängerknaben. Er wird besonders dummen US-Präsidenten überreicht und dient diesen als politischer Berater. Als er anläßlich des Hofburgbrandes ausgerechnet (und nur!) gegen Chronikjournalisten tätlich wurde, bewies er gediegene Menschenkenntnis. Ansonsten ist er hochweiß.

M wie MUATTERL

Das M. des Wieners war a Weanerin und stammt in zweiter oder dritter Generation meist aus Sarajevo, Maribor, Teplice, Bratislava oder Krakow. Der Wiener verehrt es ganzjährig beim Heurigen per Wienerlied und einmal im Jahr durch einen Besuch im Altersheim, wo er es mild gestimmt und hinfällig vorfindet. Es dient als Mutprobe für die heranwachsenden Generationen (an oitn M. den Stekken wegnehmen), wenn es sich noch in freier Wildbahn bewegt, und rächt sich dafür durch das Füttern von Tauben, die Aufzucht von Hunden und Katzen, in den meisten Fällen auch durch böswilligen Tratsch, Kontrolle der jüngeren Hausbewohner und üble Venaderung. Es hat meist nichts von der Welt gehabt oder gesehen, weiß aber alles darüber aus der »Ganzen Woche« und der »Krone«, wodurch es trotz subjektiver Harmlosigkeit politisch objektiv gemeingefährlich wird. Es weiß außerdem, daß die Neger aus dem Urwald gekommen sind, um ihm persönlich sexuell aufzulauern.

N wie NEANDERTALER

Es gibt N. im weiteren Sinne, wo auch Gelbfiaßler, Stierwascher, Xiberger, Mostschädel, Kropferte etc. dazugehören, und im engeren Sinn. Diese haben Wien seit Menschengedenken umzingelt und teilweise infiltriert. Sie sind allerdings auf Grund einer genetischen Besonderheit leicht erkennbar: Ihr Kopf ist das missing link zwischen gedrungenem Rumpf und Hut, vor allem beim Autofahren. Die Skepsis der Wiener gegen die N. im weiteren Sinn ist nicht unbegründet, weil die niederträchtigsten Exemplare dieser Gattung immer wieder nach Wien einsickern, um hier Parteiführer oder Zeitungsherausgeber zu werden. Die N. im engeren Sinn begreifen allmählich, daß sie in Wien heillos überfordert sind und orientieren sich nun an St. Pölten. Die Liebe zwischen Wienern und N.n im engeren und weiteren Sinn ist grenzenlos.

O wie ORSOLICS

Er verdiente viel Geld, wovon er allerdings wenig sah, steckte (bezahlt) Prügel ein und teilte sie (unbezahlt) aus, was ihm einige Gerichtstermine einbrachte. Gar manches Scharmützel ging auf die Vertilgung ungeheurer Mengen Alkohol zurück. So etwas gefällt dem Wiener, und als O. bei einem der periodischen Rettungsversuche eines unterbeschäftigten ORF-Moderators sein patschertes Leben besang, war überhaupt kein Halten mehr: Er wurde in das Pantheon heimischer Idole aufgenommen. Verdientermaßen: Er hat in einem einzigen Boxkampf mehr Blut, Schweiß und Tränen vergossen als mancher Fußballprofi in seinem Leben.

P wie PARTEIEN

Es gibt rote, schwarze, grüne und blauerdfarbene P. sowie Hausparteien. Letztere sind die sympathischeren.

Q wie QUAPIL

Besonders typischer Name des Wieners, obwohl er auf geheimnisvollle Weise nur dreimal im Wiener Telefonbuch aufscheint. Er wird scherzhaft auch Freunden und Bekannten verliehen, die eigentlich Meier, Maier, Meyer, Mayer, Meir, Mair, Meyr oder Mayr heißen, und taucht als Name eines Hausmeisters in der Erstfassung jedes zweiten TV-Drehbuches auf.

R wie RAUNZEN

Lieblingsbeschäftigung des Wieners, raisonloses Räsonieren, risikolose Revanche für alle erlittene Unbill. Reduziert Rebellion und Revolution auf Redelsführerschaft, die folgenlos bleibt. Statt Ramona wird dann der Radetzkymarsch gespielt. Beliebte Themen: Randgruppen wie Regierung, Regenwetter, Rapid, Radfahrer, Radaubrüder, Rauschgiftler, Rockkonzerte, Rinterzelt, Rotfunk, Rotzbuben, Ruabnzuzler, Russen und Russenkinder.

S wie SALZAMT

Es ist die wichtigste Behördenstelle in Wien, die Franz Kafka zu seinem Romanfragment »Das Schloß« inspiriert hat. Es ist oberste Entscheidungs- und Beschwerdezentrale und mystisch und unauffindbar wie der Gral. Auf geheimnisvolle Weise materialisiert es sich zeitweilig als Ombudsmann in diversen Medien, simuliert Tätigkeit und säuselt leise Beschwerdeführer in den Schlaf. Mit diesem Schmäh wird verhindert, daß die Semperer in Saft gehen oder ein Schäuferl nachlegen. Mit Salamitaktik wiegelt es aufkommenden Volkszorn ab und verhütet Veränderungen.

T wie THEATER

Als Zustand (»sein«) ist das T. ein Beispiel für einen unterhaltsamen Spaß in trauter Runde, ein alkoholisch munitioniertes munteres Treiben, ein Heckmeck, ein Schmähfeuerwerk. Als Tätigkeit (»machen«) meint T. ein erregungsschwangeres Streitgespräch, tumultuöse moralische Schelte, vorwurfsvolles Geschrei. Diese beiden Begriffe und kulturellen Errungenschaften exportierten die antiken Wiener in das damalige Hellas, wo sich die Herrn Aischylos, Euripides und Sophokles diese Neuigkeit unter den Nagel rissen, als eigene Entwicklung ausgaben und damit lokale Berühmtheit erlangten. Seither ist der Wiener bei diesem seinem ureigenen Produkt sehr heikel und reagiert auf ausländische Besetzungen seiner Kultstätten mit Wut und Ingrimm. Da kennt er keine Milde, nicht um die Burg. Hat er denn das T. erfunden, damit sich da einer aus Bochum breitmacht?

U wie URSTRUMPFTANT

Die U. ist die ältere, meist ledig gebliebene Schwester des Muatterl des Wieners und bei weitem nicht so populär wie dieses. Sie sitzt häufig, den Kopf mit einem Kopftuch verziert, am Fenster, beobachtet das Geschehen auf der Straße und verläßt diesen Platz nur ungern, um mit dem Flocki in den Park äußerln zu gehen. Dort trifft sie auf zahlreiche andere U.en, ihr Erfahrungsaustausch entwickelt sich zum Bezirksdiskurs. Sie liebt im TV heiß die Tiersendungen. Manchmal ist die U. auch der finale Zustand des Muatterls (siehe M).

V wie VITAMIN B

Schon lange vor der modernen Medizin hat der Wiener das V. entdeckt: die wohlaufgebaute, eifrig gepflegte Beziehung zu Höhergestellten, von denen man sich Benefizien, Vorteile oder Pöstchen erwartet. So hatte man schon vor fast zwei Jahrtausenden den damaligen römischen Kaiser Marc Aurel (einen hochphilosophischen Kopf, der beim Anblick der Eingeborenen an Depressionen erkrankte und verstarb) in die norisch-pannonischen Sümpfe gelockt, auf daß er dereinst mit einer Statue des Marc Anton verwechselt werde. Diesem wurde ein Denkmal errichtet, weil er als Arschkriecher bei Gaius Julius Caesar Stadtheiliger und Vorbild der Wiener ist. So ist Wien die Stadt mit den weltweit meisten Karrieremaschinen wie Parteien, Parteiverbände, Kirchen, CV, BSA ... bei denen der Wiener hauptberuflich Vielfach-Mitglied ist.

W wie WIENERIN

Die W. ist die Mutter, Gattin, Tochter, Schwester, Tante, Kusine und/oder Geliebte des Wieners. Für sie gilt alles von A – V und X – Z Gesagte. Von ihrem zweifelhaften Ruf zehrt sie seit dem Wiener Kongreß. Der dauerte vom 18. 9. 1814 bis zum 19. 6. 1815, also haargenau neun Monate. Beendet wurde er, weil zahlreiche Kaiser, Könige, Fürsten und Diplomaten gleichzeitig überstürzt abreisen mußten, was monarchistisch inspirierte Historiker allerdings gern verschweigen.

X wie XENOPHOBIE

Da läßt sich der Wiener kein X für ein U vormachen. Er weiß über fast alle Parteigrenzen hinweg: Fremdes Xindel strömt asiatisch grinsend in seine Weana Stadt, um seinen Arbeitsplatz zu rauben, seine Töchter zu vergewaltigen und in Gemeindebauten Hammelherden zu schlachten. Am meisten stört den Wiener das mit den Töchtern, denn die gehören immer noch ihm. Xundes Volksempfinden ballt sich dann zu Aggressionsschwaden, die sich in xunden Watschen entladen. Diese Vorgangsweise hat der Wiener als Kind gelernt und wendet sie gegen jeden x-beliebigen Feind an.

Y wie YUPPIE

Der Y. ist das physische Produkt der Liebesnächte aller Ronald Reagans und Maggie Thatchers dieser Stadt und hieß früher Gigerl oder Jeunesse dorée, im deutschsprachigen Norden auch Schnösel genannt. Obwohl stark city-bezogen, hat er doch rurale Komponenten: Er ist eitel wie ein Pfau, blöd wie ein Esel und hat Geld wie Heu, das er im Kreise Gleichgesinnter vor allem in teuren Innenstadtlokalen ausgibt. In seiner milderen Form als Kamel im Nadelstreif ist er Teilnehmer am Betriebswirtschaftler-Putsch in der SPÖ und sorgt dortselbst für eine rasante Halbwertszeit bei den Wählerstimmen; in seiner brutaleren Version bildet er die Buberlpartie eines schäbigen Politikers, zu dem immer mehr Leuten nichts einfällt.

Z wie ZENTRALFRIEDHOF

Der Z. wurde wie alles und jedes von Bürgermeister Helmut Zilk, der sein Licht bekanntlich nicht unter den Steffl stellt, bei einem Presseheurigen aus der Taufe gehoben und eröffnet, wodurch es ihm leicht fiel, halb so groß und doppelt so lustig zu sein wie Zürich, wie es heißt. Der Z. ist das geheime Ziel jedweder wienerischen Aktivität, er wird auch in der österreichischen Popmusik, die schon lange dort gelandet ist, hymnisch gefeiert. Beim Begräbnis von Politikern findet dort ein Staatsakt statt, beim Beerdigen von Schauspielern ein Volksauflauf. Erreichbar ist er mit der Linie 71 (ein statistisch solider Sterbedurchschnitt). Er liegt in bequemer Nähe des Flughafens Schwechat, was besonders bei Flugkatastrophen nicht unpraktisch ist. Die dortigen Gräber bleiben von Hobby-Vetseristen verschont, wenn sie nichtbaronessliche Gebeine beinhalten.

verfemt, verfolgt, verschollt.

1 Der Verein reindeutscher Literaten mit freiem Oberkörper hat es schwer in Österreich. Ihre Bücher werden totgeschwiegen, abgewürgt, untergebügelt und vorgewaschen.

2 Und niemand will die oberzarten Poeme dieser luftigen Heimatdichter,

3 die volldeutschen Oden dieser bodenständigen Bergpoeten,

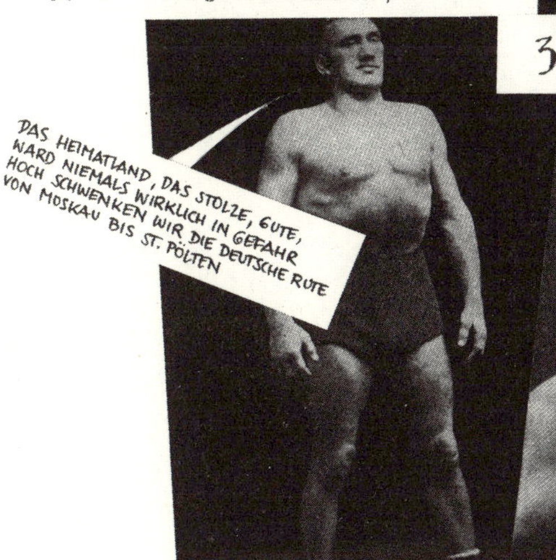

4 die rauchigen Reime dieser kernigen Stadtschreiber.

5 Und schon gar niemand will die Werke von Hans Hornung aus Unterpfaffstätten, Hauptstraße 13a

6 Schade.

Parasiten

REINHART LIEBE

Unsre Gesellschaft ist im Kern
man könnte saogn: gsund.
Es wird gefördert der Verkehr.
Es wird geschützt der Hund.

Es werdn gebaut de Supermärkte,
Zentren für Konferenzen.
Und das Haupt unsrer Waldheimat
strahlt über alle Grenzen.

Und waonn's wo happert, waonn's wo fehlt,
so ist das unumstritten:
Schuld daran, schuld daran
san de Parasiten.

Refrain:
Wo du hinschaust – Parasiten, de nur unser Gerschtl woin.
Parasiten, Parasiten – des laoß ma si nimma gfoin!

Da gibt's einmal am Arbeitsamt
so Faultier, de schmarotzen
vom Arbeitslosengeld sich fett.
Na, is des net zum Kotzen?

Dabei gibt's bei uns Arbeit gnua.
Zet Be Straßen aufreißen
oder, daß man am Bahnhof putzt
de Ort, wo Menschen scheißen.

Min Arbeitslosengeld, mit dem
müßte man viel mehr geizen.
Des tät de Leit – des tät de Leit
dann schon zur Arbeit reizen.

Refrain

Dann gibt es auch natürlich noch
de Notstandshilfegeier,
de durch de Bank schwarz hackln gehn
und fressn goidne Eier.
Ganz ähnlich ist de Lage mit
gewisse Pensionisten,
de hamlich schneeschaufln und so
– de ghern auf d' schaorze Listn.

Studentengfrasta! Was brauchts es
Werbung verteiln an Türen?
Für eich derf's nur – für eich derf's nur
nur eines gebn: studieren!

Refrain

De ärgsten Krisenmacher aber
sind – na wer? – die Frauen!
De glaubn, se san waß gott waos, wanns
von Herd und Kind abhauen.

In eahnra Gier nehmans den Män-
nern d'Arbeit weg, d'Emanzn!
Vun mir aus soins serviern, frisiern
oda hoit Striptease taonzn.

Zweitwohnung, Zweitwagen, Zweitmann
– ja, muß es soweit kommen?
Ordnung und Zucht – Ordnung und Zucht
werdn der Familie genommen!

Refrain

In der Schmarotzerliste derf
net unerwähnt bleiben,
wohin de Leit, waos goar net herghern,
d'aorme Wirtschaft treiben.

Kinderbeihilf für zwanzig Kinder
tamma denen zaohjn!
Vun unsre Steian, so tan uns
de Knoflfressa roin.

Schleichts eich, es Araber, es Tschuschn,
Tiarkn, Behm, Pollaken!
Ausländer raus! Ausländer raus!
laoßt s unsre Hackler hackln!

Refrain

Im Jahre Schnee wird alles para-
sitenfrei geregelt:
Sandla Zwangsarbeit, Tschuschn draußt,
de Weiba niedabeglt.

De Arbeitslosigkeit ist trotz-
dem ganz enorm gestiegen.
Betriebe sperrn, ma sauft und schimpft
und redt vun großen Kriegen.

De klan Schmarotzer drunt san weg,
de auf de Schülling gehen.
Doch mir haobn drobn – doch mir haobn drobn
d'Müllionen übersehen.

Refrain

Wo san de Leit, de ohne was
zu leisten nur kassieren?
Wo san de Gschmiertn? Wo san de,
de si de Gschmiertn schmieren?

Wer redt vum Spaorn und steßt si gsund
ohne jede Schenierung?
Dao sans! schau, schau! Wen hamma dao?
Des is unsre Regierung!

Für ein Joahr schwafln a Pension
und daonn an Vorstandspostn.
De Packlraß, de Packlraß
wird fett auf unsre Kostn!

Refrain

Und hinter der Regierung stehn-
gan allerweil de gleichn.
De machn d'Arbeitslosigkeit.
De gengan über Leichn.

De lassn de Gehirne waschn,
d'Gürtl enger schnojn,
tan Schwarze, Rote, Blaue, Braune
wias es brauchn zaohjn.

De gfrein si, daß wir d'Fraun, Tschuschn,
Judn, Sandler treten
Abreagiern – abreagiern
des is, was de Konzernherrn gern hättn, daß ma tätn!

Refrain

Vom Regen in die Taufe

HANNES VOGLER

Vom Xenophon bis zur Erzither: All jene Stimmen, die sich derzeit zum Orchester der Fremdenfeindlichkeit formieren, haben bisher den wichtigsten Aspekt unbeachtet gelassen: den drohenden Glaubenskrieg.

Denn was sind denn die vielen, in Österreich an- und aufsässigen Balkanesen, Orientalen und Osteuropäer anderes als schlafende Agenten ihrer jeweiligen Heimatkirchen!?! Und so wird auf dem Kurs der Ostöffnung auch unser gutes, altes, römisch-katholisches Kirchenschiff schwer zu kirchensteuern sein ... Denn zwangsläufig wird es im europäischen Religionsmarkt zu einem verschärften spirituellen Verdrängungswettbewerb kommen.

EWR, EG und WEU sind übrigens überhaupt nicht dazu angetan, bei der Bildung eines konfessionellen Bollwerks gegen den Osten zu helfen. Denn erstens ist von den bekannt sadomachistischen anglikanischen Bischöfinnen keinerlei Solidarität zu erwarten, und zweitens wird es außer Nord- und Südpol im gemeinsamen Haus Europa keine anderen Pole geben dürfen, zumal auch keinen ruhenden und auch keinen Monopol mehr.

Somit ist es also nur mehr eine Frage der Zeit, bis der Satz »Du sollst an einen Gott glauben!« vor dem Europäischen Gerichtshof eingeklagt und wegen Verletzung internationaler Vereinbarungen aufgehoben wird. Das aber bedeutet den total freien Konkurrenzkampf auf dem Religionsmarkt!

Wundern Sie sich also nicht, wenn namhafte ausländische Religionsgemeinschaften nicht bis zum Jüngsten Tag warten werden und schon bald bei uns eindringen, wenn Griechisch-, Armenisch- und andere Orthodoxe, Moslems, Drusen und Ukrainisch-Schamanistische, Dänisch- und Holländisch-Reformierte ihre Filialen in Österreich errichten und die Umsätze der heimischen Religionsgemeinschaften gefährden.

Am Anfang wird sich das ja noch recht angenehm und liberal äußern. Keine Frage, daß zunächst die zwangsweisen Kirchenbeiträge fallen müssen, was wiederum eine finanzielle Erleichterung für die meisten Haushalte mit sich bringt. Es bedeutet aber auch, daß sich alle Religionsgemeinschaften nach anderen Finanzquellen umschauen müssen.

Zumal es unwahrscheinlich ist, daß unter dem erzbischöflichen Palais ein größeres Ölfeld entdeckt wird, sollte also niemand erstaunt sein, wenn demnächst auf den Weihwasserkesseln des Stephansdomes die Aufschrift »Römkatholererquelle

– belebt die Sinne!« zu finden ist. Und auch das Parmalat-Kapperl anstelle von Kardinal Groers Kardinalshut sollte Sie nicht weiter irritieren.

Der logisch nächste Schritt in die Offensive ist dann ein Aufkauf kleinerer, finanzschwacher Religionen durch große, international tätige Glaubensgemeinschaften. Da können die Serbisch-Derwisch-Kooperierten noch so sehr ihre Riten als Ruten ins Kirchenfenster stellen: Wenn der Preis stimmt, wird ihre Aktien-Mehrheit beinhart von den Protestanten übernommen und fortan als »Augsburger Bekenntnis-Filiale« weitergeführt. Und als Vorstandsvorsitzender der Schwedisch-Unierten wird eben ein geschäftsführender Dechant der Opus-Dei-AG installiert. Schon allein, weil man mit Hilfe größerer Einheiten billigere Einkaufspreise bei Weihrauch und Rosenkränzen erzielen kann.

Dann aber kommt es, wie es kommen muß: Denn wenn nur mehr wenige, große Glaubens-Gem.m.b.H.s (Gemeinschaften mit beschränkter Haltung) im Marktsegment Religionsausübung tätig sind, so ist statt der Diffusion die Fusion ein bewährtes Mittel, um einerseits die Kosten zu senken (ungünstiges Priester/Gläubigen-Verhältnis, hoher Werbeaufwand pro Bekehrung etc.) und andererseits auch auf Dritt-Welt-Märkten außerhalb Europas (etwa gegen Buddhismus und Hinduismus oder die afrikanischen Naturreligionen) bestehen zu können.

Daß aus diesem Monotheismus, der zum Poly-Monotheismus weiterentwickelt wird, auch Geistliche völlig neuen Typs hervorgehen müssen, sei nur am Rande erwähnt: Bisignori anstelle von Monsignori etwa. Oder der Trischof und der Quattroschof, die eben für drei, vier Religionen zugelassen und tätig sind.

Als zweckmäßigstes Mittel bietet sich freilich weniger eine echte Vereinigung an, sondern vor allem die Gründung einer Holding-Kirche, welche als Dachgesellschaft die Aktivitäten ihrer Tochter-Religionen koordiniert.

Davon sind wesentliche Synergie-Effekte zu erwarten. Allein die gemeinsame Nutzung von Gotteshäusern erspart jede Menge an Verwaltungs- und Betriebsaufwand. Und es sollte auch weiters nicht stören, wenn aus ein und demselben Weihwasser-Kessel morgens sich die ehemaligen Moslems waschen, anschließend die ehemaligen Katholiken sich bekreuzigen, und zu guter Letzt die ehemaligen Juden metaphysisch versorgt werden.

Das Bedrohungsbild ist so sicher wie das Amen im Gebet. Aber damit unser Amen im Gebet auch sicher bleibt, muß unserer Kirche Zeit gegeben werden, um sich auf die hier skizzierte Geschäftsstrategie vorzubereiten. Die unverzügliche Aufnahme des entschlossenen Kampfes gegen fremde Religionen gehört dazu!

Nazis unter uns

CHRISTIAN WALLNER

Das mediale und politische Erstaunen, daß es bei uns – noch, wieder – tatfähige Nazis gibt, ehrt die Schreiber und Lenker. Andrerseits klingt es so, als wäre der A-Kader der Skinationalmannschaft darüber verblüfft, daß es bei einer Abfahrt rasant bergab geht. Wo haben diese Stauner bisher gelebt? Hat man Hunderte angezeigte, strafrechtlich relevante, aber auch allgemein bagatellisierte »Wiederbetätigungsfälle« für Halluzinationen des »US-Ostküstenjudentums« gehalten?

Selbstverständlich bricht in Österreich nicht die Demokratie zusammen und das »4. Reich« aus, wenn ein paar Kurzhaardeppen in Amijacken und Kübelwagen im Auschlamm wühlen. Selbst für aktive Asylantenheim-Brandstifter und ihre Salzburger »Gauleitung« genügen die Demokraten in der Exekutive. Aber wie sagt die »Stapo«? »Diese Radikalen hat es immer gegeben. Aber sie werden aktiver, weil sie glauben, in der Öffentlichkeit mehr Rückhalt zu haben.« Genau das ist das – offene – Problem.

Es gibt genügend bewußte oder unaufgeklärte Abwiegler, die keineswegs an Stammtischen »Sieg heil!« brüllen oder die Obdachlosen am Bahnhof mental in Schutzhaft nehmen. Wie viele brave BürgerInnen begreifen den Faschismus, dem sie in ihrer Jugend nicht auskamen, noch immer einzig als spannende Julfeier, als karajanusköpfiges Gratiskonzert-Erlebnis, als stolze Autobahneröffnung, erotisierenden Volkstanzkurs oder siebenjährigen Rednerwettbewerb im Volksempfänger! Und hat nicht auch der Uraltpartei-Obmann, »Gröfaz« (Größter Freiheitlicher aller Zeiten) Haider an Hitlers »Beschäftigungspolitik« rhetorisch Maß genommen?

Mit der Dämonisierung von Nazis als »Bestien« ist wenig gewonnen. Selbst die, die es praktisch waren, lieferten ein durchaus sittsames Erscheinungsbild: Gereinigte Fingernägel, Manieren, gebügelte Röcke, kein Mundgeruch. Vor den Schlächtern standen belesene Juristen, fachkundige Sado-Mediziner, formvollendete Büroleiter. Killer liebten ihre Kinder und Hunde aufrichtig. KZ-Kommandanten spielten neben der Rampe hingebungsvoll Mozart. Es herrschte keine Anarchie, sondern ein (menschenverachtender) Ehrenkodex, ja Tugendhaftigkeit: Pflichtbewußtsein (bis in den Tod), (Kadaver-)Gehorsam, (massenmörderische) Ordnungsliebe. Nicht klinisch »Wahnsinnige«, sondern ideologietreue Fachleute ließen den NS-Staat funktionieren.

Hitler selbst war kein Teppichbeißer. Der Vegetarier fraß die »Ostmark« mit Messer und Gabel. Die Industriellen, die ihn finanzierten, trugen Nadelstreif, er charmierte die KünstlerInnen, die ihn ergeben umgaben.

Straftaten kann man per Gesetz ahnden. (Kriminelle) politische Gesinnungen lassen sich nicht einfach »wegadministrieren«, es sei denn, man plädierte für »Gehirnwäsche« – eine faschistische Methode. Zweifellos ist die größtmögliche Demokratisierung in allen gesellschaftlichen Bereichen die beste praktische Abwehr von diktatorischen und elitären Vorstellungen.

Parallel dazu bedarf es – eine Binsenwahrheit, die nach wie vor auf konkrete Umsetzung wartet – der permanenten und breiten Aufklärung, wo alle Sehnsucht nach »Ruhe, Ordnung, Sicherheit« durch Faschismus endet: in Massengräbern, Trümmern, Chaos. Den Lehrern muß, im Gegensatz zu Karl Kraus, zu Hitler einiges einfallen. Die schlüssigste Antwort auf die Lüge der »Auschwitz-Lüge« ist ein Besuch in Auschwitz (oder mindestens Mauthausen). Und den achselzuckenden Mandataren oder berührungsängstlichen Politik-Verweigerern muß immer wieder klargemacht werden: Zwei »Unpolitische« und acht Faschisten ergeben – ohne Gegenwehr – auf Dauer zehn Faschisten.

»Wehret den Anfängen« gilt jedoch auch für den »Nazi in uns«. Sind wir beruflich wie privat »tolerant«, »liberal«? Leben wir, indem wir leben lassen? Heben sich unsere psychische Konstitution und Verhaltensweisen ab von jener »autoritären Persönlichkeit«, die die Sozialforschung als Voraussetzung für Faschismus definierte? Buckeln wir etwa unterwerfungsbereit nach oben, während wir nach unten hemmungslos treten? Welche Angst macht uns »das Fremde« – und wie gehen wir mit dieser Angst um? Halten wir Freiheit (auch die der anderen) aus? Wer ist für uns der Sündenbock für unbefriedigendes Feeling? Fügen wir uns kritiklos in diktierte Hierarchien? Sind wir offiziell »aufgeklärt« – und tragen privat (subtil) dazu bei, daß es beispielsweise »Frauenhäuser« geben muß? Machen wir über Schwule Witze? Was läßt uns Horrorvideos grinsend genießen? Brutal chauffieren? Sind wir fähig zu trauern? Fällt es uns noch auf, wenn wir statt Zuneigung technoides Kriegsspielzeug schenken oder unseren Kindern leichenreiche TV-Serien kommentarlos zumuten? Haben wir mit der gesetzlichen Abschaffung der Prügelstrafe auch die Lust am Prügeln abgeschafft?

Das Erschrecken über den Terror einiger stahlhelmbescheuerter Jung-Nazis müßte bei der Banalität des Grauens unserer krawattentragenden Normalbürgerlichkeit beginnen: Die »gesunde Watschn« ist Abbild und Miniatur des »gesunden Volksempfindens«. Unwissend folgt nicht nur das Schaf seinem Schlächter brav ...

Ausländerhatz

ALFRED AIGELSREITER

Ich hab die Negerkinder, meiner Sö, gern,
mit großen Augen, drunt im wüden Busch.
Für die Rumänen spend ich ohne Zögern,
nur geh ich haß, siech i bei uns an Tschusch.

Der Ratzenböck hat glaubhaft gsagt, es drücken
viele Flüchtling im Tourismus nur den Preis.
Weil die nicht aussehn, die Schöpfung ist voll Tücken,
wie der Don Johnson aus Miami Vice.

Die Hauptschulklassen sind schon unterwandert,
dort dominiert der reinste Rassenmix.
Auf einen Fremden aber leg i dann wert,
wenn er stork ist und heißt Asterix.

Das Boot ist voll.
Wir haum kan Platz.
Drum die Parol:
Ausländerhatz!

Hatz, hatz, hatz mer eana ei,
ob aus Polen, aus Türkei
oder auch aus Kosovo,
ab in Zug und seilts euch o.
Prost, prost ohne Gfrett, prost, prost, denen weht
ein Wind in die Visage, uns schern de net.

Diese Falotten stehlen wie die Raben,
auch sind sie hinter unsern Weibern her,
wenn diese ahnungslos zum Einkauf traben,
da grabscht und glupscht dies Gsindel voll Begehr.

Doch die Invasion kennt nicht nur Schotten,
es hat auch etwas Gutes schon an sich.
Hot ma an Pfusch, daunn holt ma sich a Plotten
Polen beinah umsonst vom Arbeitsstrich.

Beliebt sind Fremde nur wenn sie urlauben,
für deren Geld da buckeln wir uns krumm.
Sonst erbms nur unsre Ohren, unsre tauben,
drum drahts, wenns geht, vor unsrer Grenze um.

Das Boot ist voll.
Wir haum kan Platz.
Drum die Parol:
Ausländerhatz!

Hatz, hatz, hatz mer eana ei,
ob aus Polen, aus Türkei
oder auch aus Kosovo,
ab in Zug und seilts euch o.
Prost, prost ohne Gfrett, prost, prost, denen weht
ein Wind in die Visage, uns schern de net.

Flüchtlingsfrage - fabelhaft!
Oder:
Das Braunkehlchen und die Immigrente.

HANNES VOGLER

»Aaaah! Ein Türgeier? Oder eine Belorussel!?«
Sprach grenzengrinsend hierzuland'
Ein schräger Vogel und befand:
»Ein Aserbeidschwan oder eine and're GUSsel ...?
He! Du! Orientalen-Immigrente!
Pack' deine Eier, watschel' ab von hier!
Weil ich dich sonst sehr leicht vertreiben könnte,
Aus teutscher Adler Balzrevier!«

»Huch! Rechter Flügel der tun schlagen viel gewaltig«,
Erschrak da das Zugvögelein:
»Das müssen ein Braunkehlchen sein!«
Erkannte es, erzitternd in der Perestaltik.
Sprach laut: »Griiieß' Goooott!« - Der andere: »Versau'n
Wirst du uns nicht den Gott in uns'rer Sprache!
Paß auf, so schnell kannst du jetzt gar nicht schau'n,
Wie ich dir gleich den Garaus mache!«

»Ich nix tun spotten - ich mein Grieß' Gott ehrlich meinen«,
Beteuerte die Immigrente,
Doch statt daß er sich nun versöhnte,
Griff der Braunkehlerich sich nun erst recht den Kleinen:
»Ihr Fremden vögelt nur, sonst seid ihr faul,
Macht viele Dutzend Junge und stopft ihnen
Sozialwürmer im warmen Nest ins Maul,
Die euch wir anderen verdienen!«

»Nix faul sein, haben nur ein Junges, können schau'n ...
Mein Weibchen putzen. Sein viel Plag'!
Und ich Barabe bin ganz' Tag,
Weil tun großkopfert' Vogel ihre Häusel baun!«
Drauf suchte wütend und ganz gelb vor Zorn
Der andere nach andern Angriffsgründen:
»Wegen dir da kann von Scheibbs bis Horn
Keine Baumeise Arbeit finden!«

»Keinem dasig' Vogel nehmen Arbeit weg ich!«
Die Immigrente wich zurück:
»Daß Chef mich haben, sein sein Glück,
Weil ist mein' Arbeit viel zu schwer und viel zu dreckig!«
»Gusch, Tschusch!« hörte als Antwort drauf der Kleine:
»Du beklagst dich frecherweise gar,
Daß deine Arbeit nicht wie meine eine
Feine ist; wie undankbar!«

»Ich froh sein! Weil daheim ein jeder jeden hassen...
Und viele Jäger sein im Land.
Mein Nest sein auch schon ausgebrannt!
Ich nix kann heim! Mich bitte, bitte bleiben lassen!«
»Was!? Du beschimpfst die Heimat, faules Stück!
Nichtsnutzer Nestbeschmutzer, der du bist,
Bau' deinen eig'nen Wald, dann komm' zurück -
Aber auch nur als Tourist!«

Nun war's beim Braunkehlchen endgültig voll des Maßes,
Es plusterte die Federn fest
Und sprang aus dem Opportunest!
Es trieb und jagte, hetzte nach – und schließlich fraß es!
Tja, grausam ist die Ornithologie.
Es sieht halt – und das folgt aus der Geschicht' –
Im Land der -schnak und -witz manch' Federvieh
Im eig'nen Aug den Balkan nicht!

(Nach einer Fabel des Phaedrus.)

Zusatzstrophen zum »Aschenlied« von Ferdinand Raimund

aus »Der Bauer als Millionär«

ROLF SCHWENDTER

1) Ein Mann, der kommt daher,
er ist Facharbeiter,
hat sich nicht viel umgschaut,
und sich ein Haus gebaut.
Dann wird er arbeitslos,
sein Haus ist er bald los,
versteigert von der Bank,
wird er zum Schluß ganz krank.
Ein Aschen! Ein Aschen!

2) Ein erwerbsloser Tor,
der macht sich leicht was vor,
will sein sein eigner Herr,
als ein Selbständiger.
Des wär ihm schon ganz recht,
doch's Gschäft, das geht halt schlecht,
's kummt, wias kumman muaß,
am End gibts an Konkurs.
Ein Aschen! Ein Aschen!

3) Hat eine lang studiert,
damits was Bessers wird,
hat recht viel runtergwürgt,
und ihren Posten kriagt.
Boutiquen und Friseur,
Sekt und Urlaub am Meer,
nix für die armen Leut,
doch ist der Weg nicht weit
zur Aschen! Zur Aschen!

4) Es kommen viel daher
Leut aus der DDR,
mit Bananen ungeniert
in unseren Urwald gführt.
Doch wenn der Streß nicht taugt,
und sie werdn ausgelaugt,

dann geht es ihnen mies
im Pseudoparadies:
Ein Aschen! Ein Aschen!

5) Der Sozialismus, uhje,
der realexistierendä,
von Spontis keine Spur,
Parteidiktatur,
wie eine Festung stand,
nicht nur in einem Land -
bald nimmt Flick manch VEB
auf ins Aktienportepä:
ein Aschen! Ein Aschen!

6) Sind arme Leut zu Haus',
heißts bald: Ausländer raus!
Schönhuber spielt, oh Gott,
ihnen Djangos Lied vom Tod.
Mit Haider und Le Pen
in Europa sie stehn,
marschiern sie, bis alls fällt,
wird aus der ganzen Welt
ein Aschen! Ein Aschen!

7) Die großen Weltkonzern,
die hab ich gar nicht gern,
damit sie profitieren,
tans alles demolieren.
Und aus dem Regenwald,
der Luft, dem Wasser, bald,
aus erodierter Erd
und Atomarmüll werd'
ein Aschen! Ein Aschen!

8) Doch manches in der Welt,
ich mein nicht etwa's Geld,
ist doch der Mühe wert,
daß man es hoch verehrt.
Vor hoffnungsaktiven Leut,
vor Lieb und Veränderbarkeit,
vor engagierter Menschen Glut,
da zieh ich meinen Hut.
Kein Aschen! Kein Aschen!

Ten Years im After

STEFAN BRANDL

Annahme: Im Jahre 2003, genau 10 Jahre nach dem Ausländervolksbegehren der FPÖ, wird eine Jubiläumssendung ausgestrahlt, in dem u. a. Olaf F. als Wegbereiter von damals porträtiert wird.

Szene: Beim Skinhead Olaf F., der zur Zeit bei seinem Onkel in der Altbauwohnung irgendwo in Wien logiert, inmitten von Haufen von Nazi-Literatur und Militaria-Zeug, an den Wänden Posters von Kriegsszenen, Fotos und Zeitungsausschnitten von »damals«, den Krawallen um und nach Rostosck, den brennenden Asylantenheimen, Verhaftungen, Sonnwendfeiern, Bierorgien, Wehrsportübungen, Söldnerfratzen usw. usf.

Reporter: Fühlen Sie sich von der Zeit überrollt?

Olaf F.: Jo, sicher. Die Action, den Einsatz von friha gibts heit natirlech nimma.

Reporter: Was ist anders?

Olaf F.: Die gaunze Zeit is aundas.

Reporter: Was genau hat sich geändert?

Olaf F.: Gaunz afoch, friha haums uns braucht. Do host jo nirgends higeh kenna, ohne daß ois voi wor von dem Kanakenxindl. Und do sammir eine und haum aufgrahmt mit de!

Reporter: Wie war das?

Olaf F.: No jo, mir haum uns troffn, haum uns a bißl aufbaut, Bier xoffn, Kaumpfliada xungan und daun samma in de U-Bauhn owe und haum jedn, der ausschaut wia a Tschusch oda so a Knofefressa, urndtlich trickat!

Reporter: War das nicht für Sie auch gefährlich?

Olaf F.: Sicher ... sicher! Nocha haum de jo a scho Bandn ghobt, de haum si Woffn besurgt – haum si mir natirlich aa Puffn ghoit. Weu alaa mit unsare Gummiwirscht, mit Messa und Kettn hätt ma de jo ned weggabrocht!

Reporter: Und welche Erinnerungen verbinden Sie mit dem Jahr 1992?

Olaf F.: Des wor unser schenstes Johr, logisch, vastehst! Do haum jo unsare deitschn Volksgenossen mit der großen Erhebung augfaungan – Super! Ois hot brennt! Ausse mit dem Xindl! Nau, de san grennt! Nau jo, bei uns wors ruhiger: Mir haum si des bei de Heimabende mit de Nazi-Buam im Fernseher augschaut, daun a poa leiwaunde Hitler-Videos eina, nau und daun haumma aa scho unsare erschtn Braundbombn bastelt. Nau serwas! Wos glaubst, wia mir nocha ausgschaut haum! De Nazi-Birscherln woitn uns aussehaun, denan is glei des hoiwate Haus ohbrennt! *(schüttelt sich kurz vor halt- und zahnlosem Lachen)* Owa des worn eh ois Haisln – nochm Ausländervolksbegehren san eh glei die Höifte von uns übernatirlich wurn – de san nocha olle Nazi wurn. Des is eleganter, waaßt? Mit an schen weißn Hemderl, ana schworzn Krawattn, sche 'putzte Stieferln, ana glänzendn schworzn Jackn mit teire Obzeichn drauf, de haum sa si extra aus Deitschlaund schickn lossn, de Orschlecha! Nau jo, nochm Voixbegehrn is eigentlich orsch wurn mit uns! Des wor eigentlich des Ende.

Reporter: Was hat Sie und Ihre Freunde mit der Neonazi-Szene verbunden?

Olaf F. (grinst): Aum Aufaung des Bier. De haum uns imma eiglondt, damit ma eanare Versaummlungan schützen. Mir haum eh gern Leit tögelt, durt kumman vüile Auslända hin, zu ana Gegndemo, geht scho! Späta haums uns daun de Aunwöite zoit, weu söiwa schlägern woitns net, de meistn worn a so Gymnasiastn und so schwochpickte Birscherln, a Bier haums aa kans vatrogn – nocha worn mir hoit sowos wia de »eisarne Faust« fir de Nazi-Partie. Daun haums uns aa imma zu so Sonnwendfeiern und Wehrsportüwungen higfiaht, da Küssel und de gaunzn Führer, owa mir woan eh ollaweu scho so bsoffn, und daun haumma aa scho untaranaund zum Schlägern augfaungt, weu de Piefke haum si aufgfiaht, wia waun se de bessern Nazi warn, vastehst?
Reporter: Sind Sie vorbestraft?
Olaf F.: Nau sicha, Oida! Und am Aufaung haum uns de Nazi eh imma leiwaundiche Aunwöite gschickt, späta nimma. Owa daun is eh scho orsch wurn.
Reporter: Fühlen Sie sich im Stich gelassen?
Olaf F.: Sicher, weu mir haum fir den neichn Weg de gaunzn Kimmla, obs Asylantenxindl oda Kommunistn-Demonstriera-Gfrasta worn, niedapriglt und daun haums auf uns vagessn, vastehst? De sitzn jetzt olle auf an fettn Postn und i kumm ma vua wia da letzte Trottl, hearst!
Reporter: Was wurde aus Ihren Kameraden?
Olaf F.: Kameraden? Ois Orschlecha! Der Tschuschn-Tscharlie is jetzt im Parlament, im Außnaumt oda wo, dar »Vergaser« sitzt beim ORF – wos waaß i, ob a denan Kabön schleppt oda ob a scho is Programm ausogt! Des is jo a biologische Froge. Heit hot jo boid ana a Glotzn – aa de, de NIE dabeiworn! Jo. Und da »Kanaken-Pracker« is heit Werbegraphiker, weu mit Spraydosn haumma jo umgeh glernt, mei Liawa! Und fia mi haums eh nix gmocht, de Wappler! Jetzt kennan s'mi nimma, de Hund haumma sogor a Verfohrn aughängt, weu i eana de Raafn aufgstochn hob, weus ma ka Gemeindewohnung gem woitn, obwois eh iwaroi drinsitzn! A echte Orschpartie. Und fia de Nazi wor i zu »ungebildet«, do frog i mi aa: Oida, fir soiche Haisln hob i die Heimat vateidigt? *(Greift zur Bierdose)*
Reporter: Wie leben Sie heute?
Olaf F.: Nau schlecht! Echt total schlecht! Außa Leit in de Goschn haun howi nix glernt. Ob und zu geh i plakatiern, waun de »Ausländer Halt!«-Partie eanare Kirtäg feiert, owa a echta Schüiling schaut do aa ned ausse. Friha, do wors jo super: Jede Wochn an, zwa Interviews, der ORF hot uns zu Live-Schlägereien mitn Bus higfiaht, damits a poa schene Büida kriagn. Do haumma super vadient, hearst! Da Tschuschn-Tscharlie wor sogor ois Voi-Lemsgroß-Poster zum Ausschneidn und Saummeln im »Basta« oda »Wiener« oda wos, nau wor ma eam natirlich neidig, eh klor. Ois voi leiwaund, domois!
Reporter: Und wie war das damals, als die Ausländer gehen mußten?
Olaf F.: Nau mir worn happy! Ollaweu botznfett, vastehst? B-o-t-z-n-f-e-t-t! Und da Fremdnpolizei haumma ghoifn, de letztn Auslandla, de si irgndwo vakräuit haum, auszraichan! Zack-zack! Eine mit de Mollies - de Kanakn aussa - mir glei zuwe: Ane mitn Priagl, ane mit de Stiefön, bis a se nimma griahrt haum! *(bekommt vor Rührung feuchte Augen, greift wieder zur Bierdose)* Nau jo, und so weida hoit. *(Hält inne)* Owa wias daun aa die gaunzn Chinesa auswaggoniert haum, howi ma

aa docht: Oida, wo friß i dnn jetza? De Chinesn haum uns imma ausgspeist, waumma amoi »fein« essn woitn, vastehst? Do samma imma einne, haum de Schlitzaigla a bissl wüid augschaut und haum scho a Papperl ghobt. Echt schod, eigntlich! Und aa auns Kebab howi mi zum Schluß gwehnt ghobt.
Reporter: Wie ist Ihre Einstellung zu Ausländern heute?
Olaf F.: Sie samma wurscht, no imma. Owa i denk ma aa: Ausländа muaß aa gem – de haum de Folklore und mir haum de Touristn, naa, is net woa? Obwoi i nie ins Auslaund foan tät ...
Reporter: Und jetzt?
Olaf F.: Nau jetzt wohn i bei mein Onkl do, es geht so. Nau waun der mi amoi uman Zins frogn tät, hätt ea eh glei a poa in die Pfeifn, owa de Action is natirlich weg!
Reporter: Wie sehen Sie Ihre Zukunft?
Olaf F.: Orsch, eh klor. I maan, irgndwaun, denk i ma aa, wars scho sche, sogn ma amoi: a Famülie haum, a eigene Wohnung und so. Außadem, i wer aa öita *(zeigt auf eine Krankenkassa-Brille)* – de Aigln san aa schwächa wurn – nau jo, des Bier und de Schlägereien ... Nau jo, vom Orweitsaumt howi aa a Zeitlaung gaunz guad glebt ... de vom Sozialdienst haumma wieda lesn beibrocht ... aa ned schlecht ... i lies jo vüi! *(Zeigt auf Stapel von Söldner-, »Landser«- und ähnl. Kriegshetzerpostillen)* I tät jo gern Militärhistoriker wern! Oda Bierführer! *(lacht)* De vadienan si jo an goidanan Orsch mit dera Hockn, hearns! *(ernst)* Heit prigln si jo scho die Diplomatn, daß amoi a freie Stöi ois Bierfihra kriagn – weu des super zoit wird!
Reporter: Ich danke für das Gespräch.
Olaf F.: Sieg heil, Oida. Und waunsd amoi wen brauchst, der auf dein Parkplotz aufpaßt ...

Ruf nach dem Fachmann

DIETER ZEHENTMAYR

Die Haider-Buam

ALFRED AIGELSREITER

Sag, wer hat a freche Goschen,
von der Geschichte keinen Tau,
tuat bei Judenwitzen poschen,
is maunchmoi fett und immer blau.

Wer verneint das Liberale,
ist für die Reinheit deutschen Bluts,
haut zu Sonnwend sich ind' Schale,
nimmt oide Nazi stets in Schutz.

Sag, wer hängt an seinen Lippen,
wenn er verzapft den rechten Mist?
Wer verwechselt, tuans jetzt tippen,
denn populär mit Populist?

Des san de Haider-Buam, im Hirn recht unverduam,
de beten nach recht blind, wois der ois leiwaund findt.

Sag, wer zieht mit Schulterklopfen
durch die Discos der Provence,
spendet für des Obmanns Topfen,
den er spricht, devot Applaus?

Wem ist selbst die Bierzeltbühne
für die Obmannshow sehr recht.
Freut man sich ohne Sühne,
nur allen Denkenden wird schlecht.

Wer fällt ein in das Gezeter
geg'n Altparteien und System?
Sag wer sieht in ihm den Retter,
nicht Abschaum, sondern Creme.

Des san de Haider-Buam, im Hirn recht unverduam,
de beten nach recht blind, wois der ois leiwaund findt.

Und so machen sie Karrieren,
sind treue Diener ihres Herrn.
Fremd ist ihnen Aufbegehren,
weil sowas mag er gar nicht gern.

Er bugsiert sie in die Ämter,
benennt sie treffend Sekretär.
Sie agiern dann unverschämter,
doch wie der Herr ist, so das Gscherr.

Ihre Ehre, die heißt Treue,
so bleiben sie bestimmt am Ball,
sonst wirft man sie vor die Säue
und sie erlebn den freien Fall.

Des san de Haider-Buam, im Hirn recht unverduam,
de beten nach recht blind, wois der ois leiwaund findt.

Biographien

Alfred Aigelsreiter
Geboren 1954 in Wien. Gelernter Schriftsetzer, danach zehn Jahre als Korrektor tätig. Gründete 1981 die Kabarettgruppe "Brennesseln" und schrieb seit dieser Zeit alle 12 Kabarettprogramme des Ensembles im Alleingang (zuletzt "Kläglich alles"). Wohnt ziemlich freischaffend (auch als Werbegraphiker) in Wiener Neudorf. Videocassette: "Spott in Rot-Weiß-Rot" - Kabarett "Brennesseln".

Karli Berger
Geboren 1953 in Donawitz, wohnt seit 1957 in Wien. Besuch der Höheren Graphischen Lehr- und Versuchsanstalt, seit 1973 freischaffender Cartoonist. Zahlreiche Ausstellungen, Beiträge u.a. für AZ, Volksstimme und ORF. Buch: "Wir Supermänner" (1979).

Wolfgang Beyer
Geboren 1958. Journalist, Satiriker, Kabarett-Autor; textete u.a. für die "Schmetterlinge", die "Menubeln" und das Männerkabarett "Hosenträger Ultd". Redakteur des kritischen Monatsmagazins "Die Alternative". Veröffentlichungen u.a. im Verlag für Gesellschaftskritik und im VSA-Verlag.

Beppo Beyerl
Geboren 1955. Kabarett-Autor, Journalist, rege Zusammenarbeit mit Gerald Jatzek, zeitweilig Fremdenführer. Tätigkeit in der Echo-Werbung, schreibt Satiren, Hörspiele und Stücke sowie Beiträge für die Wiener Zeitung und das VOR-Magazin.

Stefan Brandl
Geboren 1961. 1987-1988 als Moderator und Kleindarsteller beim ORF für "X-Large" beschäftigt, von 1988-1991 redaktionell in der AZ tätig, danach ein mehrmonatiges Gastspiel bei "Täglich Alles" und seither von der Zeitungsbranche kuriert. Arbeitet nun als freier Texter und Schriftsteller im Rahmen der Künstlergruppe "BRAKA". Der hier abgedruckte Text war in "X-LARGE FUTURE NEWS" am 2.1.1993 mit dem Autor in der Hauptrolle zu sehen.

Manfred Chobot
Geboren 1947. Studierte Kulturtechnik, ist Galerist und freier Autor, Verfasser von Satiren, Lyrik, Hörspielen und Features. Zahlreiche Veröffentlichungen, z.B. "Dialekt-Anthologie 1970-1980" (Mitherausgeber, 1981), "Krokodile haben keine Tränen" (1985), "Manfred Chobots Lesebuch"(1987).

Heli Deinboek
Geboren 1955 in Wien, nach der Matura Ausbildung zum Sozialarbeiter. Neben kurzzeitiger Basisarbeit (Post, Tankstelle) Musikanimateur für Kinder, Lieder-

macher, Kabarettist, mehrere LPs. Lieblings-Musikrichtung: Blues. Wohnungsmäßig nicht sehr seßhaft. Seit 1986 auch als Werbetexter tätig. 1993 Nestroy-Ring der Stadt Wien.

Manfred Deix

Geboren 1949 in Böheimkirchen. Begann 1960 bei der "Niederösterreichischen Kirchenzeitung" (sic!) seine Laufbahn als Cartoonist, die er über abgebrochene Studien an der Graphischen Lehr- und Versuchsanstalt sowie an der Akademie der bildenden Künste in Wien bis zur Mitarbeit an Magazinen wie Stern, Spiegel, pardon, Playboy, profil und Wiener weiterführte. Katzen- und "Beach Boys"-Fan. Zahlreiche Cartoon-Bände. Erstveröffentlichung: profil.

Erich Demmer

Geboren 1948 in Wien. Dissertierte mit einer Arbeit zur psychoanalytischen Interpretation Franz Kafkas. Viele Jahre Programmgestalter des Wiener "Folkclub Atlantis", 1974 mit Erwin Steinhauer Gründer des Kabaretts "KEIF", Liedermacher (1981 LP "Ollas gaunz aundas"), Autor. Viele Jahre bis zum bitteren Ende in der AZ, zuerst als Bildarchivar, dann als Kulturredakteur und TV-Kritiker.

Alfred Dorfer

Geboren 1962 in Wien. Studierte Theaterwissenschaft. Autor und Kabarettist. Verfaßte 1991 gemeinsam mit Josef Hader das preisgekrönte Stück "Indien", bereitet derzeit ein Soloprogramm vor. Am Beginn seiner öffentlichen Auftritte stand 1981 das Zusammentreffen bei einem Theater-Workshop von Herwig Seeböck im Waldviertel.

Roland Düringer

Geboren 1963 in Wien. Maschinenbautechniker, Ex-Turnierfechter und Motorrad-Fan. Zahlreiche gemeinsame Auftritte mit Herwig Seeböck, mit Alfred Dorfer Gründer der Kabarett-Gruppe "Schlabarett" (1984). Programme: "Am Tag davor" (1984), "Atompilz von links" (1985), "Kultur gegen alle" (1986), "Sein und Schwein" (1988), "Fröstl" (1990), "Prost Mahlzeit" (1992). Österreichischer Kleinkunstförderungspreis 1985, Salzburger Stier 1987.

Erich Eibl

Geboren 1945 in Neukirchen bei Eger (Tschechien), wohnt in Wien. Nach Matura, ersten Karikaturen, vier Semestern Akademie der bildenden Künste sowie längerer Tätigkeit in New York seit 1974 Graphiker im Trend-profil-Verlag. Titelzeichnungen und Illustrationen für Trend, profil und Spiegel, zahlreiche Ausstellungen. Bücher u.a.: "Cartoons" (1982), "Politik & Doof" (1985), "Pinselstriche" (1988). Erstveröffentlichung: profil.

Ludwig Roman Fleischer

Geboren 1952 in Wien. Matura 1971, dann Telefonist, Fotolaborant,Chauffeur, Nachtwächter, Bankangestellter, Plakatkleber, Student, Universitätsassistent für amerikanische Literatur in Wien, seit 1977 Lehrer. Zahlreiche Beiträge für Literaturzeitschriften, Anthologien und den ORF. Romane: "Rakontimer" (1990, ALEKTO), "Weg-Weiser von Österreich" (1991, ALEKTO), "Obsieger" (1992, EDITION S). Ernst-Willner-Preis beim Bachmann-Wettbewerb 1990.

Hakan Gürses
Geboren 1961 in Istanbul. Seit 1981 in Österreich, Studium der Philosophie. Freier Mitarbeiter beim ORF ("Heimat, fremde Heimat"), Musiker (Buzuki, Flöte) u.a. bei Lena Rothstein, Autor von Theaterstücken ("Guernica", "Aufzug"), in denen er als Schauspieler mitwirkte. Arbeitet in diversen TV-Satiremagazinen mit, zeichnete für Falter und Salto (wo auch seine "Tschuschi"-Serie erschienen ist).

Josef Hader
Geboren 1962. Volksschule in Nöchling, humanistisches Stiftsgymnasium in Melk, einige Semester Germanistik und Geschichte an der Universität Wien. Schauspieler (TV-Film "Capucchino Melange" 1992). Zahlreiche Kabarett-Programme, zuletzt "Im Keller" (1991). Zahlreiche Auszeichnungen: "Salzburger Stier" (1985), Österreichischer Kleinkunst-Förderungspreis (1986), Deutscher Kleinkunstpreis (1991).

Gerhard Haderer
Geboren 1951 in Leonding. Zunächst Werbeillustrator in Salzburg, seit 1984 politischer Karikaturist. Lebt mit Frau und ca. vier Kindern in Linz. Mitarbeiter von profil, Edelweißreporter, Stern, Schlüsselloch und Bild der Frau sowie zahlreicher Geheimdienste. Zahlreiche Ausstellungen im In- und Ausland. Bücher.

Alfred Heinrich
Geboren 1930 in Wien. Arbeitsvorbereiter und ständiger Mitarbeiter des ORF, Kolumnist bei mehreren Zeitschriften, Verfasser von Kabarett-Texten, produzierte Rosinen für das Hörfunk-Kabarett "Guglhupf".

Peter Henisch
Geboren 1943 in Wien. Lyrik, Lieder, Erzählungen, Romane. Publikationen u.a. "Die kleine Figur meines Vaters" (1975 und 1987) , "Pepi Prohaska Prophet" (1986), "Steins Paranoia" (1988), "Hamlet, Hiob, Heine" (1989), "Morrisons Versteck" (1991) und "Vom Baronkarl" (1972 und 1992), dem sauch die beiden Texte entnommen sind.

Peter Huemer
Geboren 1941 in Linz. Promovierte 1968 in österreichischer Zeitgeschichte. 1977 bis 1987 Leiter des "Club 2", seit 1988 Leiter von "Gespräche und Diskussionen" im ORF-Hörfunk, Moderator in deutschen TV-Talkshows. Auszeichnungen: Renner-Preis, Kunschak-Preis, Friedrich-Torberg-Medaille. Veröffentlichungen in zahlreichen Zeitschriften.

Franz Hütterer
Geboren 1954, aufgewachsen in Gloggnitz. Studium der Germanistik und Anglistik, BHS-Lehrer in Wien, daneben litertarische und kulturelle Projekte. Animationsarbeiten mit Jugendlichen in Wien, Niederösterreich und Steiermark. 1981 Gründung des Rock-Kabaretts "Gebrüder Grimmig", 1984 des Kabaretts "Fiasko". Veröffentlichungen in Anthologien und Zeitschriften, Texte für andere Kabarettisten und Lieder (z.B. für "Liederlich Spielleut").

Gerald Jatzek
Geboren 1956. Promovierte in Publizistik. Verfaßt vorwiegend Lyrik, Lieder, Hörspiele und Kinderbücher. Veröffentlichungen u.a.: "Gedichte nach 1984" (1985), "Der Lixelhix" (1986) , "Unser schöner Park" (1987). Wohnt in Wien.

Ruud-Istvan Klein
Geboren in Floridsdorf, Zeichner ungarisch-belgischer Abstammung, arbeitet für "profil".

Helmut Korherr
Geboren 1950 in Wien, lebt seit 1982 auf einem alten Bauernhof im Weinviertel. Hauptsächlich als Dramatiker tätig. Aufführungen der letzten Zeit: "Grasel" (1990 in Uherske Hradiste in tschechischer Sprache), "Der Unvollendete" (1991 Ateliertheater Wien), "Alles nur Theater" (1992 im Experiment/Wien, gemeinsam mit Andre Blau), "Am Sand" (1991 und 1992 im Torturmtheater Sommerhausen bei Würzburg). Diverse Preise, "Österreichisches Dramatikerstipendium 1991".

Reinhart Liebe
Geboren 1946 in Tirol, baldige Übersiedlung nach Wien. Liedermacher und Sozialtherapeut, lehrte an der PÄDAK. Seit zwei Jahrzehnten wichtiger Bestandteil der österreichischen Folk-Szene mit der Gruppe "Der Liebe und seine Leute". Zahlreiche Platten und Tonkassetten, schrieb ein Kabarett-Programm für Topsy Küppers.

Hansi Linthaler
Geboren 1951 in Kirchberg/Tirol. Lebt in Wien als Zeichner und Maler. Bücher, z.B. "Alpenförster" mit Antonio Fian (Text).

Peter Lodynski
Geboren 1936. Studierte Medizin, Theaterwissenschaften, Kunstgeschichte sowie an der Schauspielschule und am Film- und Fernsehseminar. Von 1963 bis 1969 Autor, Regisseur und Darsteller beim Kabarett "Der Würfel". Seit 1967 Arbeiten für das Fernsehen (über 120 Produktionen, darunter "Lodynskis Flohmarkt Company"). Zeitweilig Zauberer, seit 1985 wieder auf der Kabarett-Bühne. Preise u.a.: "Goldene Rose von Montreux", "Chaplin-Preis", "Hollywood Award of World TV".

Leo Lukas
Geboren 1959 in Köflach/Steiermark. Gelangte über Graz nach Wien. Seit 1983 freier Autor, Komponist, Regisseur und Kabarettist. Schreibt für viele Kollegen (z.B. Irene S., Menubeln), erhielt 1988 den "Salzburger Stier" für sein Soloprogramm. Buch, Platte, Videocassette, Minimusical "Spuuuk!".

Sigi Maron
Geboren 1944 in Wien. Autor und Liedermacher, zahlreiche LPs, u.a. "Schön is des Lebn", "He Taxi", "Laut und leise", "5 vor 12", "Unterm Regenbogen". Kam mit seinen politischen Liedern fast nicht im ORF vor, war aber mit "Geh no net furt" einige Wochen Spitzenreiter der ORF-Hitparade. Hat nach seiner LP "Lieb Heimatland ade" (1992) den Rücktritt von der Liedermacherei verkündet (und sich hoffentlich dabei geirrt, E.D.).

Stuart Matthews
Geboren 1948 in Derby, Großbritannien; Vater Engländer, Mutter Wienerin. Schulbesuch in England, zwei Jahre Joseph Wright School of Art, Derby. 1963 bis 1968 Studium an der Graphischen Lehr- und Versuchsanstalt Wien. Arbeitet als Illustrator, hauptsächlich für Magazine und Zeitungen, gelegentlich für Bücher.

Thomas Maurer
Trotz erfolgreicher Brettl-Karriere heimliche Liebe zur Graphik, Ausflüge in die Schauspielerei ("Leonardo hat es gewußt!" 1992 im Vindobona). Vertrat Österreichs Kabarett-Szene erfolgreich bei dem von 3sat veranstalteten Mund-Art-Festival 1992. Gemeinsame Auftritte mit Kollegen, z.B. Josef Hader und Leo Lukas.

Kurt Mitterndorfer
Geboren 1951 in Linz. Nach der Matura Sozialarbeiter und Pflichtschullehrer. Betreute 1973 - 1979 das VÖEST-Lehrlingstheater. Ab 1984 Veranstalter von Schreibwerkstätten, ab 1985 Lesungen, Videos, Aktionstheater, Rauminstallationen. Erstes Buch "In tiefste Nacht - in hellstes Licht" (1990), zweites Buch "nur wir zwei" (1992), beide in der "Bibliothek der Provinz".

Thomas Nemec
Geboren 1958 in Wien, 1959 mit den Eltern nach Australien ausgewandert, 1963 Rückkehr nach Österreich. Besuch der Wiener Kunstschule, 1988, 1990 und 1992 Assistent von Georg Eisler an der Internationalen Sommerakademie Salzburg. Seit 1984 Ausstellungen in Wien, Hallein, Linz, Salzburg, Lyon, Skopje und Budapest.

Fritz Nussböck
Geboren 1951 in Mistelbach/Niederösterreich. Zog mit seiner Familie in den 10. Wiener Gemeindebezirk und geriert sich seither als Favoritner Lokalpatriot, bei dem Margaretner, Ottakringer oder Floridsdorfer nichts zu lachen haben. Uhr-

und Liedermacher, schrieb auch zahlreiche Lieder gemeinsam mit Sigi Maron. Ausflug in die Rockmusik mit der Gruppe "Dynamit" (gleichnamige LP).

Andreas P. Pittler

Geboren 1964 in Wien. Studium der Geschichte, Germanistik und Politikwissenschaft. 1980-1990 Jusofunktionär. Redakteur bei verschiedenen Tages- und Wochenzeitungen. Mehrere Buchveröffentlichungen, zuletzt "Spurensuche" (1990), und Herausgeber der Anthologie "Prosaland Österreich" (1992, Wieser-Verlag, Klagenfurt).

Lukas Resetarits

Geboren 1947. War nach verschiedenen anderen Tätigkeiten Flugzeugabfertiger am Flughafen Wien. Seit 1975 Mitarbeit beim Kabarett "KEIF", 1977 Beginn der Solo-Karriere. Arbeiten für Film und Fernsehen, als Polizeimajor "Kottan" Österreichs populärster Polizist. Zahlreiche Kabarett-Programme und ungezählte Auszeichnungen. Mehrere Langspielplatten, ein Buch "Rekapituliere", zuletzt die Videocassette "Heimspiel-Live".

Fritz Schindlecker

Geboren 1953. Nicht abgeschlossenes Studium der Geschichte und Germanistik.Von 1976 bis 1982 Texter und Sänger der Rockgruppe "Auflauf". Seit 1983 freier Autor, u.a. für Lukas Resetarits, Erwin Steinhauer, die "Schmetterlinge", Joesi Prokopetz und Peter Kraus. Daneben Fernsehspiele, Sketches und Show-Bücher für den ORF und deutsche Sender.

Dolores Schmidinger

Geboren 1946 in Wien. Autorin, Publizistin, Schauspielerin, Kabarettistin. Begann ihre Kabarett-Karriere bei Gerhard Bronner, spielte viele Jahre am Wiener Volkstheater und ist nun an der Josefstadt engagiert. Zwischendurch zahlreiche Konzerte mit eigenen Liedern, ungezählte Rollen in Film und TV. Derzeitiges Kabarett-Programm "Die nackte Matrone - 2 1/2".

Werner Schneyder

Geboren 1937 in Graz, aufgewachsen in Klagenfurt. Abgeschlossenes Studium der Publizistik in Wien. Zunächst freier Journalist, Werbetexter, Dramaturg, Autor, Regisseur. Ab 1974 politisch-literarisches Kabarett, zuerst im Duo mit Dieter Hildebrandt, dann im Solo. Zahlreiche Tourneen und TV-Sendungen (auch Show und Sport). Prosa, Lyrik und Aphorismen (zuletzt "Das Gefährliche an der Kunst", Kindler-Verlag).

Rolf Schwendter

Geboren 1939 in Wien. Studierte u.a. Rechtswissenschaften, Staatswissenschaften und Philosophie. Seit 1967 Liedermacher ("Lieder zur Kindertrommel"), seit 1975 Hochschullehrer für Devianzforschung in Kassel. 1989-1991 Präsident der Grazer Autorenversammlung. Zahlreiche wissenschaftliche ("Theorie der Subkultur", "Zur Zeitgeschichte der Zukunft" etc.) und literarische Publikationen ("Psalter", Lyrik, und "Ich bin noch immer unbefriedigt. Lieder zum freien Gebrauch"). Mitbegründer vieler soziokultureller Initiativen.

Erich Sokol
Geboren 1933, wohnt in Mödling bei Wien. Studium u.a. am Institute of Design, Chicago. Bis 1992 Art-Director des ORF. Seine Cartoons erschienen u.a. in "Harper's Magazine, Playboy, Süddeutsche Zeitung, Observer und Daily Telegraph sowie in Österreich in der AZ, in Trend, profil und Die Ganze Woche. "Goldene Kamera" (1972), "Ehrenzeichen der Stadt Wien" (1982), "Nestroy-Ring" (1986). Bücher u.a.: "Titelseiten", "Kopfsalat" und 1990 "VIDEO" (Jugend und Volk).

Reinhard Tramontana
Geboren 1948. Nach der Matura Tätigkeit bei verschiedenen Zeitungen, derzeit stellvertretender Chefredakteur und Kolumnist bei profil, wo auch dieser Text erstmals abgedruckt wurde. Daneben gelegentlich Tätigkeit für Kabarett und Fernsehen. Buchveröffentlichungen: "Irren ist männlich" (1979), "Mein profanes Weltbild" (1984).

Peter Turrini
Geboren 1944. Nach der Matura Holzfäller, Stahlarbeiter, Werbetexter und Hoteldirektor. Erster durchschlagender Erfolg als Schriftsteller 1971 mit dem Stück "Rozznjogd". Neben vielen (kultur-)politischen Aktivitäten Lyriker und Autor für Theater und Fernsehen. Den hier abgedruckten Text, die aktualisierte Pförtnerszene aus "Macbeth", schrieb Turrini für eine Aufführung des Wiener Burgtheaters. Wohnt in Wien und Niederösterreich.

Heinz R. Unger
Geboren 1938. Lyrik, zahlreiche Lieder für die "Schmetterlinge" (darunter "Die Proletenpassion"), Theaterstücke, Hörspiele und Kinderbücher. Als Hanne Hiob 1989 ein Programm zum Thema "Asylbewerber" zusammenstellte, schrieb Unger den hier abgedruckten Text für den Schauspieler Otto Tausig. Nach der Uraufführung im Wiener Schauspielhaus wurde diese Produktion in Österreich und Deutschland mit verschiedenen Mitwirkenden gespielt.

Hannes Vogler
Geboren 1955 in Gloggnitz. Studierte Geographie und Germanistik in Wien, wo er als HTL-Lehrer, Kleinverleger sowie Juso mit vielversprechender Vergangenheit lebt. Seit 1978 als Kolumnist verschiedener Zeitschriften (u.a. "Extrablatt") sowie als Kabarett-Autor (I Stangl, Hosenträger Ultd. im Wiener Ensemble Theater) tätig. Bücher u.a.: "Gastritis Blues. Memoiren aus der Gegenwart" (1983), "Ätzwerk. Patriot-weiß-rote Satire" (Co-Hg., 1986), "Unten durch & über drüber. Den Semmering entlang" (Co-Hg., 1992).

Christian Wallner
Geboren 1948, aufgewachsen in Oberösterreich. Studium der Geschichte, Pädagogik und Publizistik in Salzburg, anschließend Journalist, Deutschlehrer und Dramaturg, Mitbegründer des Kabaretts "Motz-Art", Arbeiten für Rundfunk und Fernsehen, zahlreiche Buchveröffentlichungen. Diverse Preise. Wallner schrieb die hier abgedruckten Essays als Kolumnist der "Salzburger Nachrichten".

Jörg-Martin Willnauer
Geboren 1957 in Müllheim (Deutschland). Musikstudium in Heidelberg (Klavierdiplom) und Graz (Komposition). Regieassistenz bei Hans-Werner Henze. Gewinner des Passauer Scharfrichterbeils, Gewinner des Österreichischen Autorenpreises, zahlreiche Kabarett-Programme. Aus dem letzten, "Man müßte Klavier spielen können", stammt der hier abgedruckte Text.

Dieter Zehentmayr
Geboren 1941 in Salzburg, aufgewachsen in Lustenau/Vorarlberg. Nach Lehrabschluß zwölf Jahre Fotograf in der Schweiz, schrieb und zeichnete als freier Mitarbeiter für verschiedene Zeitungen. Ab 1972 fixer Karikaturist bei den Vorarlberger Nachrichten, sodann Neue Vorarlberger Tageszeitung, Kleine Zeitung und Furche. 1984 wurde ihm gleichzeitig mit dem Erscheinen des Auswahlbandes "getuscht und gefedert" der Renner-Preis verliehen. Seit 1988 ist Zehentmayr Karikaturist der Tageszeitung Kurier, wo auch die hier veröffentlichten Karikaturen erstmals erschienen sind.

Inhaltsverzeichnis

THOMAS PRADER (Hrsg.)
PROMEDIA
MODERNE SKLAVEN
ASYL- UND MIGRATIONSPOLITIK IN ÖSTERREICH